Anonymous

Die Verfassung als die Quelle des Nationalitätenhaders in

Oesterreich

Studie eines Patrioten

Anonymous

Die Verfassung als die Quelle des Nationalitätenhaders in Oesterreich
Studie eines Patrioten

ISBN/EAN: 9783743613324

Hergestellt in Europa, USA, Kanada, Australien, Japan

Cover: Foto ©ninafisch / pixelio.de

Manufactured and distributed by brebook publishing software
(www.brebook.com)

Anonymous

Die Verfassung als die Quelle des Nationalitätenhaders in Oesterreich

Die

Verfassung als die Quelle

des

Nationalitätenhaders

in

Oesterreich.

Studie eines Patrioten.

Wien und Leipzig, 1897.

Verlag von M. Breitenstein.

Druck von Holzwarth & Ortony, Wien.

Die

Verfassung als die Quelle

des

Nationalitätenhaders

in

Oesterreich.

Studie eines Patrioten.

Wien und Leipzig, 1897.

Verlag von M. Breitenstein.

Druck von Holzwarth & Ortony, Wien.

Vorfrage.

Für die Nationalitätenfrage trifft, wie ich glaube, der Vergleich mit dem falsch geknöpften Rock, der vollständig aufgeknöpft werden muß, vollkommen zu.

Lassen wir daher einen Moment alle die verwirrenden Details, die hinsichtlich dieses Problems herumschwirren, bei Seite, und versuchen wir uns wieder einmal den Kern desselben heraus zu schälen.

Es gibt in dieser Sache nur zwei Möglichkeiten. Entweder es ist möglich, im Rahmen Oesterreichs ein friedliches Zusammenwirken aller Nationalitäten durch irgend eine entsprechende Organisation herbeizuführen, oder aber diese Möglichkeit fehlt.

Nimmt man das Letztere an, so gelangt man unbedingt zu dem Schlusse, daß dem gegenseitigen Kampfe eine centrifugale Kraft in solchem Maße innewohne, daß dieselbe früher oder später den Staat sprengen müße.

Es kann gar nichts schaden, wenn man es offen ausspricht, daß der Lauf der Dinge, wie wir ihn in den letzten Jahren verfolgen konnten, gar Viele solchem Pessimismus in die Arme getrieben hat, und vielleicht ergibt sich auch daraus eine theilweise Erklärung dafür, daß die Aspirationen einzelner Theile thatsächlich immer mehr über jenes Maß hinaus gehen, das innerhalb Oesterreichs erfüllbar erscheint.

Aber diesen pessimistischen Standpunkt kann man trotzdem erst dann einnehmen, wenn bereits die untrüglichsten Beweise für seine Berechtigung vorhanden sind, — und so weit sind wir gottlob doch noch nicht.

Es ist nicht der Patriotismus allein der diesen Standpunkt ausschließt, sondern vor Allem die Thatsache, daß er ganz unfruchtbar ist. Denn, hält man den Zerfall *) Oesterreichs für unausweichlich, so

---

*) Es gibt heute thatsächlich sehr Viele, die „gar nicht daran zweifeln", daß früher oder später dieser Zerfall eintreten müße. Allein in der Geschichte sucht man vergeblich nach einem Beispiel, daß ein Staat auseinander fällt wie ein Kartenhaus, ohne das von außen kommende Kräfte darauf hinwirkten.

hat es ja gar keinen Sinn, nach einer Lösung des als unlösbar er=
kannten Problems zu suchen, vielmehr muß man zu dem Standpunkt
gelangen, es vollständig dem Zufall oder Schicksal zu überlassen, wie
lange die Selbsterhaltungskraft dieses Staates den zersetzenden Kräften
Widerstand zu leisten vermag. Der „Patriot", der auf diesem Stand=
punkt steht, wird sich geradezu hüten, etwa störend in diesen „natür=
lichen" Proceß einzugreifen, weil er fürchtet durch eine Ungeschicklichkeit
jene Selbsterhaltungskraft zu schwächen.

Wenn man aber mit Ernst an die Lösung des Nationalitäten=
problems herantreten will, so ist dies nur dann möglich, wenn man
sich von solchem Pessimismus frei zu halten vermag. Man muß vor
Allem von der Lösbarkeit desselben innerhalb Oesterreichs überzeugt
sein, vollkommen unerschüttert dadurch, daß es heute bereits aus=
geschlossen erscheint, irgend eine Umwandlung der Nationalitäten in
e i n e Nation durchzuführen.

In die Zukunft kann allerdings Niemand blicken, das wissen wir
in Oesterreich am Besten, wo sich so oft das Gegentheil dessen ereig=
nete, was man voraussagte, oder was man erwarten zu können
glaubte. Aber darum ist es noch immer nicht begründet, endgiltig
pessimistisch abzuurtheilen und dadurch den Impuls zum Einsatz aller
Kräfte für die Lösung des Nationalitätenproblems abzuschwächen.
Vielmehr muß man stets dessen eingedenk sein, daß hier Aufgaben zu
lösen sind, die nicht nur höchst verwickelt sind, sondern für die man
auch vergebens nach einer Analogie sucht.

Betreffs Oesterreich steht die Sache eben so, daß Deutschland viel vortheilhafter
daran ist, die österreichische Grenze deutsch zu sehen. Rußland hat kein Bedürfniß
seine Polen zu vermehren und auch Ungarn ist dazu gezwungen, einer slavischen
Conföderation sich entgegenzustellen, wogegen auch die entfernteren Impulse der
Türkei sich geltend machen. Kurz, Oesterreich bietet, so wie es ist, seinen Nachbarn
die größten Vortheile. Ueberdies ist der Zug nach Eroberungen, durch die sich
steigernde Erkenntniß der inneren Aufgaben, sowie durch die Thatsache, daß
ein Staat durch Belebung und Entwicklung seiner eigenen Kräfte weit mehr
noch erreichen kann, als durch den Erwerb civilisirter und dicht bevölkerter
Ländergebiete, wesentlich verringert.

Demnach fehlt die nothwendige von außen kommende Kraft, die den
Bestand Oesterreichs gefährden könnte; vielmehr erscheint dasselbe durch seine
Nachbarn wie durch einen eisernen Ring zusammengehalten. Der einzige
kritische Punkt, nämlich betreffs Italiens, erscheint bei näherer Betrachtung
absolut ungefährlich, doch wäre diesbezüglich eine Auseinandersetzung erforder=
lich, für welche sich in diesem Zusammenhange nicht die geeignete Stelle findet.
Die innerhalb Oesterreichs wohnenden Völkergruppen sind demnach darauf an=
gewiesen, sich wohl oder übel mit einander abzufinden. Wäre dies nicht der
Fall, so wären sie vielleicht ohnedies schon oft auseinander gelaufen. Demnach
erscheint ein Kalkül auf den Zerfall Oesterreichs, oder auf ein Eingreifen von
außen, abgesehen von allem Patriotismus, recht aussichtslos.

Der Impuls zu nationaler Parteibildung.

Wenn man an die Lösbarkeit des Problems glaubt und derselben nun näher tritt, so gelangt man zu folgenden zwei Fragen:

Erstens: Ob und inwiefern unsere staatlichen Institutionen ein Hindernis für die Erreichung des nationalen Friedens sind?

Zweitens: Ob und inwiefern die nationalen Aspirationen das Hindernis bilden?

So sehr es zum Widerspruch reizen dürfte, so wage ich es doch zu behaupten, daß das weitaus größere Hindernis in unseren staatlichen Institutionen zu suchen ist, die der eigenartigen Zusammensetzung unserer Bevölkerung durchaus nicht angepaßt sind.

Für diese Behauptung sei es versucht, in Nachfolgendem den Beweis zu erbringen.

Die gesammte Gesetzgebung ruht (!) bekanntlich bei uns (im Sinne der Verfassung) in den Händen des Reichsrathes und der Landtage. Beides national gemischte Körperschaften.

Wenn diese Legislativen eine ersprießliche Thätigkeit entfalten sollen, so müßte sich in denselben eine sachliche Parteibildung vollziehen können, und thatsächlich besteht schon seit Langem die Sehnsucht, eine Umgestaltung der nationalen in wirthschaftliche und politische Parteien herbeizuführen. Gerade das ist es aber, was, wie sofort bewiesen werden soll, in diesen Körperschaften (Reichsrath und Landtage) vermöge ihres Competenz-Umfanges, nie und nimmer erreicht werden kann.

Man darf nicht übersehen, daß die Parteibildung nicht allein durch die verschiedenartigen Interessen initiirt wird, sondern sie wird u. zw. vornehmlich durch die Beschaffenheit des Forums bestimmt, vor welchem die Thätigkeit der Parteien wirksam werden soll.

Die Beschaffenheit des Gegners, gegen welchen Parteien hauptsächlich zu kämpfen haben, übt sogar den bestimmendsten Einfluß auf den Grundzug der Parteibildung.

Sobald nun ein Impuls zu nationaler Parteibildung gegeben ist, können naturnothwendig nur nationale Parteien bestehen, denn die Impulse wirthschaftlicher und politischer Prinzipien vermögen mit den nationalen niemals erfolgreich zu concurriren, u. zw. umsoweniger, als das nationale Moment, ganz abgesehen von dem Werthe politischer Macht, auch unmittelbar von wirthschaftlicher Bedeutung dadurch ist, daß eine Nation durch die Pflege der geistigen Entwicklung in ihrer eigenen Sprache, viel rascher und nachhaltiger zu wirthschaftlicher Blüthe gelangt, als wenn die Entwicklung erst auf dem

Umwege über die Benützung einer anderen Sprache angestrebt werden muß, wodurch das betreffende Volk überdies zu dauernder Stagnation verurtheilt würde.

Allerdings kann es nur die Erfahrung lehren, ob und in wie weit den einzelnen Nationen die Fähigkeit, sowie die ausdauernde und intensive Arbeitskraft innewohnt, sich jener unermeßlichen Arbeit zu unterziehen, die höher entwickelte Nationen im Laufe von Jahrhunderten bereits vollbracht haben. So kann es wohl geschehen, daß einzelne Nationen ihre Entwicklung nur bis zu einer gewissen Stufe zu steigern vermögen, etwa so weit, als es das sogenannte unmittelbar praktische Leben erfordert, während deren höhere Intelligenzen für ihre geistige Thätigkeit in einer anderen Sprache das ergänzende Ausdrucksmittel suchen müssen. — Aber für den entscheidenden Theil, für das praktische Leben, das heute, durch die mannigfaltige Verbindung mit natur= wissenschaftlichen und technischen Elementen, eines starken geistigen Einschlages immer mehr und mehr bedarf, ist der Umweg über eine andere Sprache viel zu weit. Es ist daher, abgesehen von dem Gefühlsmoment und dem Streben nach politischer Macht, schon von diesem wirthschaftlichen Standpunkte aus gar nicht anders möglich, als daß jede Nationalität eifersüchtig und geradezu instinktiv vor Allem danach strebt, die Gelegenheit für diese Entwicklung sich zu sichern und zu erweitern.

Wenn man nun andererseits die absolute Wirkungskraft der poli= tischen und wirthschaftlichen Impulse untersucht, insoweit sie nicht in obigem Sinne mit den nationalen zusammenfallen, so zeigt sich, daß dieselbe an und für sich heute nicht groß ist, umso weniger groß genug, um das nationale Moment zu paralysiren.

Wir sehen das nicht nur bei uns, sondern gerade in jenen Staaten, wo politische und wirthschaftliche Impulse die alleinigen Grundlagen der Parteibildung sind.

Allerdings gäbe es bei uns noch sehr viel in politischer und wirthschaftlicher Richtung nachzuholen, u. z. correspondirt das Maß dieser Rückständigkeit, ich möchte sagen mathematisch genau im Sinne Fechner's (wenn schon ein exacter Fechner für politische Reize existiren würde), mit jenem Maß von Energie, um welches die nationalen Im= pulse die politischen überragen.

So lange es sich um politische Maßregeln grundlegender Natur handelte, die von annähernd gleichwerthiger Bedeutung waren mit den Fragen der nationalen Entwicklung, so lange vermochten noch die po= litischen Ideen mühselig das Thätigkeitsfeld zu beherrschen; sobald man aber bei der Durchführungs=Organisation und bei Tagesfragen zu Maßregeln von verhältnißmäßig geringerer Bedeutung gelangte, trat das Kräftigere, die nationalen Impulse, in den Vordergrund, und für die politische Entwicklung begann die Stagnation.*)

Was nun speciell die wirthschaftlichen Impulse in dem Sinne betrifft, den man unter dem Sammelbegriff „Die sociale Frage" versteht, so bewegen diese sich noch viel zu sehr auf dem Gebiete der Theorie, um die nationale Parteibildung sprengen zu können.

Aber insoweit diese Impulse vornehmlich in der Bildung der socialdemokratischen Partei doch zur Geltung gelangten, zeigt es sich auch hier klar, daß auch sie die nationale Strömung nicht beseitigen können.

Zum Glück für die Socialdemokratie trat sie in Oesterreich in einer Zeit auf, wo es sich bereits klar gezeigt hatte, daß das staatsrechtliche Dominiren einer Nation unmöglich geworden ist, so daß sie gar nicht mehr hoffen konnte, eine Einheit in diesem Sinne zu erreichen. Sie blieb dadurch von vorneherein vor jenem Kampfe bewahrt, den wir in dem diesbezüglichen Rückbildungsproceß seit Jahren durchmachen.

Sie war daher gleich genöthigt, sich den bestehenden Verhältnissen anzupassen, und die Schwierigkeiten, die nun einmal da sind, einfach in den Kauf zu nehmen. Der Noth gehorchend, beschränkt sie sich sehr vernünftiger Weise darauf, die sachliche Verbindung zu pflegen, und sieht von einem Zusammenwirken in jener Art und Richtung ab, in der Berührungspunkte eben fehlen. Und das Kunststück, das diese junge Partei sofort getroffen hat, weil sie einsah, daß bei Thatsachen, die nicht zu ändern sind, nichts Anderes übrig bleibt, als sich ihnen anzupassen, dieses Kunststück wollen oder können alle unsere Führer von oben und unten noch immer nicht treffen.

Einer Nothwendigkeit, welche jene Partei sofort erkannte, die sich geradezu handgreiflich aufdrängt, wollen alle Anderen noch immer nicht dauernd und gründlich Rechnung tragen.

Die Socialdemokratie vollzog die unvermeidliche nationale Sonderung und gerade dadurch sicherte sie sich den sachlichen Contact.

---

*) Nachdem man die Macht der Nationalitäten nun kennen gelernt, wird wohl Niemand mehr behaupten können, daß das zufällige Ereigniß der bosnischen Frage diese Entwicklung verschuldet habe. Das hätte früher oder später so kommen müssen, denn die Deutschen konnten in Oesterreich zu jener Zeit keine positiven nationalen Postulate haben, da ihre Stellung ohnedies dominirend war, sie mußten also politische Partei sein. Gerade darin zeigt sich die überragende Macht der nationalen Impulse, daß die politischen Tendenzen zu Spaltungen führen, durch welche eben die politische Entwicklung sich vollzieht, während die nationalen Tendenzen ein unerschütterliches Band bilden, dessen Macht früher oder später zur Geltung gelangen mußte, sobald sich eine politische Spaltung vollzog, die nur durch vollständigen Stillstand hintanzuhalten gewesen wäre.

Es gibt aber noch immer Leute, die daran glauben, es könnten in unseren Parlamenten neben den nationalen Parteien ganz gut politische Vereinigungen entstehen, genau so, als ob mitten in einem reißenden Strome ein stehendes Gewässer sich bilden könnte. Man übersieht eben hiebei, daß der nationalen Parteibildung von Hause aus der unwiderstehliche Trieb innewohnt, alles Andere zurückzudrängen, was sich entgegenstellt, und dies zeigt sich auch in der Praxis überaus deutlich.

Für jedes Parlament gibt es sogenannte laufende Geschäfte, z. B. Budget, Staatsverträge 2c. 2c.; sobald nun diese zur Verhandlung gelangen, treten alsbald die nationalen Forderungen auf, aber innerhalb der nationalen Parteien gibt es auch politische Strömungen, die mit diesen Vorlagen nicht vereinbar sind. Wo nun politische Parteibildungen vorhanden sind, entscheidet hier einfach die Majorität; bei nationalen Parteibildungen müssen aber die Frondeure inner= halb der herrschenden nationalen Gruppen gewonnen werden, und das kann eben nur durch Hinweis auf nationale Compensationen ge= schehen, weshalb in solchen Fällen übrigens die ganze Partei sehr gerne die Miene des Frondeurs annimmt.

Wir haben ja diese Dinge praktisch bis zum Ueberdruß erlebt.

In dieser Weise kommt das Uebergewicht des nationalen Impulses, in Folge der Technik der parlamentarischen Thätigkeit, schon rein äußer= lich derart zur Geltung, daß, abgesehen von der Langwierigkeit in der Erledigung jener laufenden Geschäfte, der größte Theil der übrig bleibenden Zeit, einerseits durch die Codificirung jener nationalen An= sprüche, andererseits durch Recriminationen in dieser Richtung ausge= füllt wird.

Weit größer ist aber noch die Wirkung jener Vorgänge, die sich mit logischer Nothwendigkeit innerhalb nationaler Parteien ergeben müssen.

Jede nationale Partei besteht naturgemäß aus Vertretern der divergirendsten politischen Richtungen und der mannigfachsten wirth= schaftlichen Interessengruppen. Sobald nun eine politische oder wirth= schaftliche Frage zur Entscheidung kommen soll, zeigen sich unversöhn= liche Gegensätze innerhalb der Partei, wodurch die nationale Einheit gefährdet erscheint. Da aber an dieser Einheit alle nationalen Partei= genossen das gleiche Interesse haben, so lassen sie sich leicht dazu her= bei, die betreffende Angelegenheit zu vertagen, und wenden sich lieber jenen Angelegenheiten zu, hinsichtlich welcher eben Einigkeit in der Partei herrscht, nämlich den nationalen.

Dieser Vorgang spielt sich einigemale ab, aber bald ist jeder von den bei solchen Gelegenheiten zu Tage tretenden Gegensätzen derart abgeschreckt (die psychologischen Momente darf man hier nicht übersehen), daß er denselben lieber ausweicht, und es segelt die Partei flott ins rein nationale Fahrwasser. Weil sie aber nicht unthätig sein kann, und zur Erhaltung ihres Ansehens sichtbarer Erfolge bedarf, wird sie immer erfinderischer in ihren nationalen Ansprüchen.

So gelangen die nationalen Parteien dahin, politische und wirthschaftlich organisatorische Fragen geradezu zu scheuen, und damit ist auch jeder Fortschritt in dieser Richtung unmöglich gemacht.

Eine solche Entwicklung hat z. B. die jungtschechische Partei bereits hinter sich, aber ein classisches Musterbild für das Resultat, zu welchem diese Vorgänge führen, bietet der Polenclub, der allerdings in nationaler Hinsicht geradezu hors concours steht, zugleich aber in sich selbst eine vollständige politische Apathie zeigt, und überdies dazu gelangt ist, in seinem Machtbereich einen politischen Todesschlaf herbeizuführen.

Vor unseren Augen spielt sich dieser Proceß nun endlich auch bei den Deutschen ab, die sich bekanntlich nur durch die äußerste Noth zu einer nationalen Parteibildung drängen lassen. Da sie heute dazu gezwungen sind, sehen wir die schärfsten politischen Gegensätze schwinden, und nur die Clericalen halten sich noch der nationalen Vereinigung fern. Aber wenn der nationale Kampf in gleicher Weise anhält, kann man es voraussehen, daß endlich auch dieser tiefste Zwiespalt schwinden wird, und fast könnte man um dessentwillen die Fortdauer dieses Kampfes wünschen, damit wir ihm nach all' dem bitteren Leid, das derselbe verursacht hat, wenigstens diese eine Freude verdanken können. Denn gleichviel, ob die Wählerkreise der Deutschclericalen sich theilweise von ihren jetzigen Vertretern abwenden, oder ob diese selbst in nationaler Hinsicht pater peccavi sagen müssen, würde das bisherige blinde Vertrauen der Wählerkreise, durch das späte Erwachen des nationalen Gefühles bei ihren Vertretern, doch einigermaßen erschüttert werden.

Wenn man aber darin, daß die Deutschklerikalen sich bisher doch von den übrigen Deutschen absondern, ein Argument dafür erblicken wollte, als wäre es nicht richtig, daß die nationalen Impulse die politischen vollständig zurückdrängen, so zeigt sich die Haltlosigkeit dieses Einwandes sofort, wenn man die Sache genauer untersucht.

Infolge der dominirenden Stellung, welche die Deutschen in Oesterreich stets eingenommen haben, vermöge ihrer höheren culturellen Entwicklung, insbesondere weil sie über die erforderliche Literatur verfügen und ihnen die nöthigen geist'gen Kräfte, theils in Oesterreich, theils durch Ergänzung aus Deutschland, zu Gebote stehen, besitzen die Deutschen die für ihre nationale Fortbildung erforderlichen Institutionen wenigstens in solchem Maße, daß sich für sie keine scharf ausgesprochenen nationalen Postulate ergeben, und nur die Abwehr zwingt sie, ihren nationalen Standpunkt zu betonen. Schwindet aber die Gefahr,

so ergibt sich für die Deutschen in Oesterreich nur auf politischem
Gebiete ein ausreichendes Thätigkeitsfeld, wobei sie sich natürlich sofort
gegen die Clericalen wenden müßten. Daher besteht zwischen diesen
zwei Parteien überhaupt keine Möglichkeit des dauernden Zusammen=
wirkens, während bei anderen Nationalitäten sowohl die Klerikalen als
deren Gegner in nationalen Dingen für die Verwirklichung gleichartiger
Ziele dauernd zusammengehen können. Wenn die Deutsch=Clericalen
sich aber den anderen Nationalitäten anschließen und so den Nationa=
litätenkampf fördern, so blühen ihnen dadurch zwar noch immer keine
Erfolge in ihrer eigenen Sache, aber sie verhüten das Zutagetreten
jener politischen Bestrebungen, die sich, wie sie sehr wohl wissen, gegen
sie kehren würden, und da diese Herren seit jeher den Grundsatz
„Zeit gewonnen, Alles gewonnen" zu würdigen verstehen, so wissen
sie es recht gut, warum sie auf jener Seite stehen.

Wenn man nun trotzdem annehmen kann, daß bei Fortdauer der
nationalen Bedrängniß für die Deutschen, selbst diese Fraction, g e g e n
ihr eigenes politisches Interesse, sich doch der nationalen Strömung
auf die Daner nicht wird entziehen können, so liegt gerade darin der
schlagendste Beweis, daß, sobald durch irgend welche Umstände die
nationalen Impulse nachhaltig geweckt werden, alles andere zurück=
gedrängt wird.

Dies kann aber nur jene wundern, die sich nicht längst darüber
klar sind, daß die nationalen Impulse für ein Volk dasselbe sind,
was der Selbsterhaltungstrieb für den Einzelnen ist.

Wohl sterben die Individuen durch Unterdrückung ihrer Nationa=
lität nicht ab, wie die Pflanze, der man die Nahrung entzieht; während
aber ein Volk durch seine eigene Entwicklung alle Hilfsmittel für die
Pflege seiner Wohlfahrt in sich selbst findet, muß es andernfalls die=
selben bei einer andern Nation kümmerlich suchen. In ersterem Falle
gewinnt es den Charakter des eigene Kraft besitzenden selbstbewußten
Mannes. in letzterem Falle wird es zum Hörigen einer anderen Nation,
bis es endlich in dieser aufgeht. Dann mag es allerdings, von einem
universellen cosmopolitischen Standpunkte genommen, seiner Wohlfart
auf einem weiten Umweg doch näher gekommen sein, aber wie weit
ist dieser Weg, und wie überreich ist er an Entbehrungen bitterster Art.

Das beste Bild hiefür gewinnt man, wenn man sich vorstellt,
mit welchen Schwierigkeiten ein Mensch zu kämpfen hat, er mag sonst
recht tüchtig sein, wenn er die Sprache des Landes nicht kennt.
Wie lange dauert es, bis er dort zum ebenbürtigen Glied der Gesell=
schaft wird; zumeist gelingt dies erst seinen Kindern. Wie lange und
wie schwierig ist ein solcher Proceß erst bei einem ganzen Volke.

Von diesem Standpunkte aus betrachtet, muß man dahin gelangen,
daß es ein ganz aussichtsloses Bemühen ist, eine politische und wirth=

schaftliche Entwicklung herbeiführen zu wollen, so lange unsere Institutionen so geartet sind, daß die nationalen Impulse zum Kampf
gegeneinander gereizt und gezwungen werden, so daß die Kräfte, die
dazu bestimmt wären Positives zu schaffen, sich thatsächlich gegenseitig
aufzehren.

Wodurch nun unsere verfassungsmäßigen Institutionen eine solche
Wirkung haben, das liegt ziemlich klar zu Tage.

Nachdem wir nur den Reichsrath und Landtage
als gesetzgebende Factoren haben, und da in jeder
parlamentarischen Körperschaft Alles nur durch den
Kampf der Parteien erreicht werden kann, alle Nationalitäten daher gezwungen sind, hier ihre Ansprüche
zur Geltung zu bringen, so müssen sie sich als nationale Partei constituiren.

Berücksichtigt man nun, daß locale Fragen nur vorübergehenden
Einfluß haben, daß auch die politischen sowie die öconomischen Ansichten keineswegs unverrückbar fest stehen, dagegen die nationalen
Aspirationen ein absolut constanter Factor sind, und hält man sich
endlich dasjenige vor Augen, was früher über die Kraft und die unvermeidliche Steigerung des nationalen Impulses gesagt wurde, so
ergibt sich alles andere von selbst.

Nationale Bestrebungen sind übrigens gewissermaßen endlos, und
schon aus tactischen Gründen werden jeweilig viel weitere Ziele proclamirt, als momentan wirklich angestrebt werden. Es gibt für sie keine
klar ausgesprochene Endaufgabe. Auch stehen wir immer noch unter der
Nachwirkung der nationalen Expansionskämpfe, deren Schauplatz Europa
lange gewesen ist. Zieht man all dies in Betracht, und rechnet man
schließlich mit der überaus wichtigen Thatsache, daß jeder nationalen
Bewegung ein sehr starkes Gefühlsmoment innewohnt, das den Kampf
sehr bald zur Leidenschaft steigert, so ergibt sich mit unanfechtbarer
Klarheit, daß die bestehenden Zustände durch die Unangemessenheit
unserer verfassungsmäßigen Einrichtungen provocirt sind.

Wenn man sich nun das Gesammtbild, das in all dem hier
Gesagten dargestellt wurde, vor Augen hält, und wenn man sich gleichzeitig erinnert, welche Gestalt diese Dinge durch die sich weit ver-
zweigende Agitation annehmen, eine Agitation, die umso maßloser
wird, je mehr sie sich der Peripherie der weniger urtheilsfähigen
Wählerkreise nähert, so zeigt sich, daß hier mit Flickwerk nicht zu
helfen ist, und daß, so lange unsere verfassungsmäßigen Einrichtungen nicht
eine gründliche Veränderung respective Ergänzung erfahren, die gegenseitige Erbitterung absolut nicht abnehmen kann, vielmehr unaufhaltsam
wachsen muß. Damit geht es auch Hand in Hand, daß die sich steigernde
Heftigkeit der Bewegung immer rücksichtsloser in ihren Forderungen wird.

Die Lücke der Verfassung.

Es wird wohl kaum zu leugnen sein, daß die vorliegenden Dar-
stellungen eine höchst maßvolle Schilderung der bestehenden Zustände
enthalten, die in Wirklichkeit noch viel trostloser sind. Bevor man aber
zu der Ueberzeugung gelangt, daß hier nur eine Verfassungs-Aenderung
abhelfen kann, wird man sich fragen müssen: Wie stellt sich denn die
Verfassung zu diesen Dingen?

Daß Oesterreich ein Nationalitätenstaat ist, das ist ja eine so
alte Geschichte, und daß dies seine fundamentalste Eigenthümlichkeit
ist, ist eine so einleuchtende Thatsache, daß man glauben sollte,
die Verfassung eines solchen Staates müsse irgend eine specifische
Einrichtung enthalten, die dazu bestimmt ist, derselben Rechnung zu
tragen; allein man mag dieses heilige Document studiren, so lange
und so gründlich als es nur Menschen vermögen — man sucht vergebens.

Doch ja, wir haben ja den § 19!!

Man möge es entschuldigen, es ist über diesen § 19 schon so
endlos viel geschrieben und gesprochen worden, daß ein Oesterreicher
mit Recht schon erschrickt, wenn er ihn nur nennen hört. Aber bei
einer Betrachtung vorliegender Art kann man einer Erörterung desselben absolut nicht ausweichen.

Die wichtigste Aufgabe einer Verfassung ist doch jedenfalls, daß
sie eine Grundlage für die gegenseitige Abgrenzung der Rechtssphären
schafft.

Was sagt nun § 19? „Alle Volksstämme des Staates sind
gleichberechtigt, und jeder Volksstamm hat ein unverletzliches Recht auf
Wahrung und Pflege seiner Nationalität und Sprache."

Wahrlich, alle unsere Volksstämme haben ausnahmslos den
vollsten Anspruch auf die Anerkennung, daß sie sich strikte an diesen
Passus des § 19 halten, denn sie nehmen alle ganz strenge nur das
gleiche Recht in Anspruch, nämlich jedes Volk möchte offener oder ver-
hüllter, früher oder später den ganzen Staat sich dienstbar machen, und
sie sind dabei im Recht, denn die Verfassung räumt ihnen allen
gleiche Rechte ein — aber den Umfang dieser Rechte bestimmt sie nicht, das überläßt sie den Nationalitäten, die eben
den ihnen geeignet scheinenden Gebrauch hievon machen, und da
natürlich diese selbststatuirten Rechtsansprüche collidiren, so entsteht
das liebliche Bild, das man zur Genüge kennt.

Es liegt auch keineswegs eine Einschränkung in der Fassung des
2. Alinea: „Die Gleichberechtigung aller landesüblichen Sprachen
in Schule, Amt und öffentlichem Leben wird vom Staate anerkannt."

Das Wort „landesüblich" ist, wie gerade die Gegenwart zeigt, sehr vieldeutig, und man weiß es ja heute schon, daß der Kampf sich mit Rücksicht gerade auf dieses Wort in der Weise vollzieht, daß man gelernt hat, eine Sprache „landesüblich" zu machen.

Und dieser § 19 soll eine ausreichende Rücksichtnahme bilden für die fundamentale Thatsache der eigenartigen Zusammensetzung Oester- reichs, denn alles Andere (die Organisation der Vertretungskörper, auf die ich später zu sprechen komme, am allerwenigsten ausgenommen), was man hier und dort noch findet, und was der Zwang des Augen- blicks gezeitigt hat, kann, es mag im Einzelnen noch so zweckdienlich sein, kaum in Betracht kommen.

Hätte man sich bei Abfassung des § 19 vor Augen gehalten, daß es nie genügen kann, einfach „Gleichberechtigung" zu statuiren, wie etwa beim einzelnen Staatsbürger, weil für die Nationalitäten jene Begrenzung fehlt, die für die Rechte des einzelnen Bürgers durch eine Unzahl von Gesetzen gegeben ist, dann wäre man schon damals gezwungen gewesen, diesem Problem in solcher Weise Rechnung zu tragen, wie es früher oder später unvermeidlich werden mußte, und wie es nun unvermeidlich geworden ist, denn es ist geradezu thöricht, daran zu glauben, daß man mit Flickwerk länger auskommen kann.

Mit der souveränen Macht der Thatsachen steht heute das öster- reichische Problem vor den Pforten unseres Reichsrathes, und uner- bittlich erzwingt es seine Berücksichtigung.

Damals, wo die Phalanx der Parteien noch nicht so entwickelt war, und wo durch die gleichzeitige Sicherung der bürgerlichen Rechte das ganze öffentliche Leben auf einem höheren Niveau stand, wäre dies natürlich viel leichter gewesen als heute, wo jene Unterlassung dahin geführt hat, daß jede einzelne Nationalität in excessiver Weise die Grenze ihrer Rechtssphäre selbst zu bestimmen sucht.

Jede Verfassung enthält nur die leitenden Grundzüge für die Gesetzgebung, und so wären auch hier nur wenige Worte einzufügen gewesen, um eine ausreichende Directive dafür zu geben, daß dieser Paragraph nicht blos auf dem Papier stehe, sondern selbst zu lebendigem Rechte werden könne, nicht aber, daß jedes Volk theils sein Recht erzwingen muß, theils ungehindert Unrecht üben kann.

Diese Gleichberechtigung kann gerade nur dann bestehen, wenn das Maß der Rechte jeder Nationalität fixirt ist, und daher müßte § 19 eine diesbezügliche Einschränkung etwa in folgender Weise ent- halten:

„Alle Volksstämme des Staates sind gleichberechtigt und jeder Volksstamm hat daher, innerhalb seiner historisch überkom- menen Wohnsitze, ein unverletzliches Recht auf Wahrung und Pflege seiner Nationalität und Sprache."

Dementsprechend hätte Alinea 2 lauten müssen:

Innerhalb der Wohnsitze jeder Nationalität hat demnach deren Sprache in Amt, Schule und öffentlichen Instituten Anwendung zu finden.

Es ist bereits erwähnt worden und es ist gewiß einleuchtend, daß eine Verfassung nur Grundzüge enthalten kann, deren gesetzlicher Ausbau immer mit Schwierigkeiten verbunden ist, aber erst durch eine solche Beschränkung erhielte der § 19 einen concreten Inhalt, während er in seiner jetzigen Form nur eine abstracte Sentenz ist. Dieser Inhalt ist aber auch der einzige, in dessen Sinne eine Gleichberechtigung durchführbar ist, die nicht zu endlosen, alle Kräfte aufreibenden Kämpfen führen muß; und schließlich können die Nationalitäten vom Standpunkte des Rechtes mehr nicht fordern, wenn Oesterreich nicht dauernd ein nationaler Kriegsschauplatz sein soll. Gerade das hintanzuhalten, muß übrigens die wichtigste Aufgabe des diesen Gegenstand betreffenden Theiles der Verfassung sein.

Die Umstände, unter welchen die Verfassung zu Stande kam, sind allgemein bekannt, und es ist einleuchtend, daß es damals möglich gewesen wäre, dem § 19 auch eine solche präcise Fassung zu geben, denn damals bestand bei den nichtdeutschen Nationalitäten noch immer die Germanisationsfurcht. Allein man gab dem § 19 diese allgemeine Fassung, weil sie eben Alles, aber ebenso gut Nichts sagt. Man stellte damit eine überaus weitgehende Schuldurkunde in leichtherziger Weise aus, weil man mit der politischen Macht ihre Geltendmachung in Händen behalten zu können glaubte.

Man übersah, daß die Forderungen, die hier anerkannt wurden, Existenzbedingungen der Nationalitäten sind, welche dieselben unwiderstehlich zur Geltung bringen müssen, so daß es ein Irrthum war zu glauben, daß diejenigen, die die Verfassung schufen, es in der Hand behielten, diesen § 19 nach ihrem Ermessen auszulegen. Als nun gar die Gegner mit der politischen Macht diesen § 19 in die Hand bekamen, mußte das Chaos entstehen.

Während den Deutschen durch seine allgemeine Fassung vorbehalten war zu bestimmen, welches Maß von Concessionen sie machen wollen, wobei jede Engherzigkeit der Staatseinheit zugute kam, und hieburch zwar vielseitige Unzufriedenheit, aber keine neuen RechtsCollisionen entstehen konnten, ermöglichte dieser § 19, sobald die Nationalitäten über seine Auslegung entschieden, jene maßlose Steigerung der Ansprüche, die zu Angriffen einer Nation auf den Besitzstand der anderen führen, gegen welche Angriffe diese das heiligste Recht haben, durch die Verfassung geschützt zu sein, da es dem Wesen eines Rechtsstaates widerspricht, daß der Angegriffene keinen Schutz in den Gesetzen finde.

Auf den erſten Blick mag es vielleicht als müßige Betrachtung erſcheinen, zu unterſuchen, welche Folgen es gehabt hätte oder haben würde, wenn § 19 eine Form oder Auslegung erhielte, wie ſie hier angegeben wurde, es iſt aber für den Weiterblickenden gar nicht daran zu zweifeln, daß dieſer Fall vielleicht ſpät, aber endlich doch eintreten muß, da es abſolut unmöglich iſt, in anderer Weiſe fortzuwirthſchaften.

Auch jene Faſſung müßte zu Kämpfen führen, aber immerhin wäre eine Directive gegeben, vermöge welcher dieſelben ſich nur nach zwei Richtungen erſtrecken könnten.

Erſtens: Welches ſind die hiſtoriſch überkommenen Wohnſitze jedes Volksſtammes?

Zweitens: Wenn die Sprache in Amt, Schule und öffentlichem Leben ſich innerhalb ihrer Wohnſitze den einzelnen Volksſtämmen an- paſſen ſoll, wie ſoll ſich die Sache in den höheren Inſtanzen geſtalten, und wie ſoll der Verkehr zwiſchen den verſchiedenſprachigen Behörden hergeſtellt werden? *)

Die letztere Frage war es wohl, welche zu einer ſo diploma- tiſchen Formulirung des § 19 führte. Für das Deutſche als innere Amtsſprache haben die Deutſchen, im buchſtäblichen Sinne des Wortes, mit dem Muthe der Verzweiflung gekämpft, denn es iſt zum großen Theile eine Folge dieſes Kampfes, daß die Deutſchen in eine ſo ver- zweifelte Situation geriethen.

Verbindungsſprache.

Wie ſehr ein richtiges Grundprincip zu richtigen Folgerungen führt, zeigt ſich ſofort darin, daß der Umſtand, daß man bei einer ſolchen Textirung des § 19 die Bildung von rein nationalen Be- hörden vorausſehen mußte, unbedingt dazu gezwungen hätte, eine ſtaatliche Verbindungsſprache zu ſtatuiren; eine Unterlaſſung, die bekanntlich gleichfalls zu Kämpfen Anlaß gibt, obzwar es Jedermann einleuchten muß, daß eine Verbindungsſprache in Oeſterreich abſolut nicht zu entbehren iſt, wenn jede einzelne Behörde ſich nicht mindeſtens in acht Sprachen verſtändigen müſſen ſoll.

Da dieſe Frage wahrſcheinlich noch viel Staub aufwirbeln wird, ſo ſei darauf hingewieſen, daß die Thatſache, wonach die deutſche Sprache naturgemäß ſich als Verbindungsſprache ergibt, es mag dies noch ſo paradox klingen, für keine Nationalität von größerem Nach- theil iſt, als für die Deutſchen.

---

*) Dieſe Fragen werden in den weiteren Ausführungen näher erörtert.

Die deutsche Sprache spielt in Oesterreich dieselbe Rolle, wie die französische im internationalen Staatenverkehr, ohne daß Frankreich hierin eine nationale Bevorzugung oder die anderen Staaten darin je ein nationales Gravamen erblickten. Dieser Zustand ergab sich von selbst, weil die französische Sprache in den Kreisen der Intelligenz die verbreitetste und auch die für die Zwecke der Diplomatie entwickeltste war, genau so, wie es heute die deutsche Sprache in Oesterreich ist.

Kein Staat gerieth aber hiedurch in irgend ein Abhängigkeits-Verhältniß zu Frankreich, weder im Allgemeinen, noch hinsichtlich der hiefür erforderlichen geistigen Kräfte.

Es liegt im Wesen einer Verbindungssprache, daß eine gewisse Anzahl von Functionären diese, aber zugleich eine zweite Sprache beherrschen muß.

Nun ist es eine offenkundige, überdies auch sehr begreifliche Thatsache, daß gerade die Angehörigen eines höher entwickelten Volkes die Sprache des minderentwickelten nicht lernen, daher — wie dies die Thatsachen auch beweisen — meist Angehörige der anderen Nationalitäten zweisprachig ausgerüstet sind, und somit im Geltungsgebiet der Sprache, die als Verbindungssprache statuirt ist, sehr erfolgreich concurriren und überdies dort, wo eine Zweisprachigkeit gefordert ist, fast vollständig dominiren, wodurch diese Personen gleichzeitig in die Lage kommen, Errungenschaften der höheren Cultur ihrem Volke zu vermitteln.

Es beherrschen demnach die nichtdeutschen Nationalitäten natur-nothwendig die Stellen, wo Gemischtsprachigkeit erforderlich ist, vollständig, und wo das Deutsche allein genügt, treten sie auch stark in Concurrenz.

Aber für die Deutschen birgt die deutsche Verbindungssprache einen noch viel größeren Nachtheil.

Die Nothwendigkeit einer staatlichen Verbindungssprache, ferner die Thatsache, daß in Oesterreich das Deutsche für alle Nationalitäten die wichtigste Quelle für ihre culturelle Fortbildung ist, macht es allen Nationalitäten leicht, die Forderung der Zweisprachigkeit anzuerkennen. Und diese Thatsache, die absolut keiner nationalen Connivenz gegenüber den Deutschen entspringt, bildet nun das Sprungbrett für die Forderung einer Gleichberechtigung in der Form, daß auch die Deutschen zwei Sprachen sprechen sollen, wo doch bei diesen die vorerwähnten ausschlaggebenden Motive nicht vorhanden sind.*)

---

*) Eine reizende Illustration bieten auch hier die Polen, die bei dem Sturm-lauf gegen die Deutschen so tapfer mitthun, und genau die selben Principien, die sie als heilige Schützer der nationalen Rechte so überzeugungsvoll in Wien vertreten (Principien lassen sich eben leider noch nicht für Transportzwecke

Berücksichtigt man nun die vorerwähnte Thatsache, daß höher entwickelte Völker die Sprache der minder entwickelten nicht lernen, weil sie hiebei überhaupt viel weniger, insbesondere aber jene allgemeinen Vortheile nicht gewinnen, wie bei dem umgekehrten Verhältniß, so ergibt sich, daß jene Forderung der Zweisprachigkeit einer Verdrängung der Deutschen aus den amtlichen Stellen involvirt.

So bildet thatsächlich die der Nothwendigkeit entsprungene deutsche Verbindungssprache, die als solche, genau wie die französische Sprache bei der Diplomatie, wirklich als national indifferent zu beurtheilen ist, was auch der Beamtenstatus deutlich beweist (es wird ja überdies thatsächlich seit achtzehn Jahren in deutscher Sprache gegen die Deutschen amtirt), den schärfsten Angriffspunkt gegen den nationalen Besitzstand der Deutschen Oesterreichs, so daß diese allen Grund hätten, lieber jeder andern Sprache diese verhängnißvolle Ehre zu gönnen.

Daß die Deutschen selbst sich vortäuschten, es wäre diese Verbindungssprache ein nationales Werthobject, verleitete sie Jahre lang, Verwaltungs-Schutztruppe zu sein, was sie irriger Weise als gleichbedeutend mit Staatspartei erachteten, bis sie endlich durch das Uebermaß der Angriffe auf ihren eigenen Grund und Boden sich bewußt wurden, wo für sie das richtige Feld für nationale Arbeit ist und daß sie vorläufig vollauf zu thun haben, wenn sie ihre Kraft dem Schutze und der Pflege des eigenen Volkes zuwenden, dagegen nur Undank und gefährliche Angriffe heraufbeschwören, wenn sie sich noch länger anderen Völkern als Vormund aufdrängen.

Wahrlich, wenn einst die Verhältnisse geregelt sein werden, wird das Schicksal der Deutschen geradezu ein abschreckendes Beispiel für alle anderen Nationalitäten sein, sich wohl zu hüten, in Oesterreich die erste Geige spielen zu wollen, und man kann sich ganz gut vorstellen, daß es einmal für jede Nation als Drohung gelten wird, sie solle in Oesterreich 10 Jahre nationale Staatspartei spielen.

Die Lösung dieser Frage läßt sich, sobald man nur irgendwie daran gehen würde die nationalen Rechtssphären zu definiren, absolut nicht vermeiden.

Allerdings hängen hier alle Fragen so untrennbar zusammen, daß man bei Statuirung einer Verbindungssprache ziemlich weit in der Regelung des ganzen Problems vordringen muß. Allein das Wichtigste wäre, daß auf diesem Wege, durch die in Folge erwiesener Nothwendigkeit erfolgte Statuirung einer Verbindungssprache, der Schein einer Bevorzugung der Deutschen beseitigt erschiene. Indem alle Nationalitäten die Unentbehrlichkeit dieses Verständigungsmittels

comprimiren) sie verflüchtigen, man weiß nicht warum, auf der Reise nach Lemberg vollständig und die armen Ruthenen bekommen nichts von denselben zu hören, so sehr sie auch Labsal für ihre Ohren wären.

im festgestellten Umfange anerkennen müßten, hätte sich im Uebrigen thatsächlich die nationale Gleichstellung ergeben, und es hätte nicht zu jenem Kampf gegen die Deutschen kommen können, der nur dem Umstande entspringt, daß die Nationalitäten sich selbst in diesem Punkte keine klare Rechenschaft geben, und den ganzen Umfang, in welchem die deutsche Sprache im Staate angewendet wird, als unbilliges nationales Uebergewicht der Deutschen betrachten.

Damals, wo die Deutschen thatsächlich das politische Uebergewicht hatten, und wo eine Situation wie die jetzige für unmöglich gehalten wurde, damals wäre man seitens der nichtdeutschen Nationalitäten einer solchen Klarstellung weit zugänglicher gewesen, gerade deshalb, weil man eben durch die Unterscheidung zwischen Staatsnothwendigkeit für die Verwendung der deutschen Sprache, und zwischen der Stellung der Deutschen als österreichische Nationalität, wirklich zu einer rechtlichen Gleichstellung der Nationalitäten gelangt wäre, und hiedurch den Deutschen die Gelegenheit benommen worden wäre, aus dem Bestand der deutschen Verbindungssprache als solcher, den Staat als ihre specielle Domäne, die anderen Nationalitäten aber nur als Mitläufer zu betrachten, während die Nationalitäten sich nicht durch die Fiction eines national-deutschen Oesterreichs, welche von den Deutschen noch dazu mit aller Kraft zu ihrem eigenen Nachtheile gestützt wurde (dadurch zogen sie sich ja die Feindseligkeit der Nationalitäten zu), gefährdet gefühlt hätten. Niemals hätten jene Kämpfe entstehen können, die sich heute einerseits gegen die Deutschen richten, aber die Staatseinheit treffen, andererseits, doch in letzter Linie sich gegen das staatliche Geltungsgebiet der deutschen Sprache wenden, um der nationalen Sprache einen größeren Wirkungskreis zu sichern, aber in ungerechter Weise den Besitzstand der Deutschen gefährden.

Sobald man nun an die Frage hinsichtlich des Geltungsgebietes der Verbindungssprache tritt, wären natürlich alle Nationalitäten bemüht, dasselbe möglichst einzuengen. Gerade die Berathung hierüber würde es aber klarstellen, wie unvermeidlich dieselbe ist, und damit wäre vor Allem offen dargethan, daß man bei den nationalen Bestrebungen diesen Gegenstand im Auge behalten müsse.

Wahrscheinlich hätte man damals, angesichts der unermeßlichen Wichtigkeit einer präcise functionirenden Verwaltung und Administration, der Verbindungssprache ein ziemlich weites Gebiet zugewiesen, und die Entwicklung hätte sich seither in der Weise vollzogen, daß die Nationalitäten immer einen größeren Umfang von Agenden für die rein nationale Verwaltung reklamirt hätten.

Aber diese Entwicklung hätte einen ganz anderen Charakter gehabt, als unsere jetzigen Nationalitätenkämpfe.

Zunächst wäre es nicht ein Kampf der Völker gegeneinander gewesen. Entsprechend den Erwägungen, auf welche sich die Festsetzung des Geltungsgebietes der Verbindungssprache gestützt hätte, wäre aber auch folgerichtigerweise, bei jedem nationalen Postulat betreffs Anwendung der nationalen Sprache in der Verwaltung, Administration 2c., die Motivirung dahin gegangen, **daß durch die Befriedigung desselben die Function des Verwaltungs-Apparates keinen Schaden erleide.**

Hieraus ergeben sich nun überaus günstige Folgen:

Der Umstand, daß alle derartigen Postulate mit dieser Motivirung auftreten, schließt es ein, daß in ihrem Entstehen das stete Sich-gegenwärtighalten der Staatsnothwendigkeiten eingeschlossen ist, wodurch einerseits das Staatsgefühl sich unbewußter Weise kräftigt und gewissermaßen als Etwas erscheint, dem a priori Rechnung zu tragen ist, während anderseits die nationalen Forderungen von selbst eine Mäßigung erfahren, insbesondere aber einer gründlichen sachlichen Prüfung zugedrängt werden.

Dieser Proceß führt anderseits zu einer systematischen Entwicklung der Verwaltung in der Richtung, daß sie immer mehr genöthigt wird, sich den aus der eigenartigen Zusammensetzung Oesterreichs ergebenden Nothwendigkeiten anzupassen, den einzelnen Theilen, soweit es nur durch die practische Erfahrung zulässig erscheint, immer größere Bewegungsfreiheit zu ermöglichen, und die Einheit nur in den gemeinsamen Lebensfragen, die übrigens in principieller Hinsicht bei allen Völkern die gleichen sind, aufrecht zu erhalten. Dies erscheint aber auch dadurch erleichtert, daß eben vermöge der erwähnten Beeinflussung der nationalen Bestrebungen die Staatseinheit derart gefördert erscheint, daß sie bei allen Völkern (infolge der steten Rücksichtnahme auf die Anforderungen der Verwaltung) der feste Pol inmitten der heftigsten Bewegungen bleibt.

Wenn andere Staaten einer Zusammenfügung verschieden geformter Flächen gleichen, für die ein gemeinschaftliches Merkmal das Bindeglied bildet, so ist Oesterreich einer Kreisfläche zu vergleichen, in welcher jede Nationalität ein ihrer Größe entsprechendes Segment darstellt, in der der Staat selbst ein Begriff ohne jede Dimension, aber doch der Mittelpunkt und insbesondere jenes Element ist, das diese Theile, die einzeln zerfallen oder wenigstens formlos erscheinen würden, zu einem symetrischen Ganzen vereinigt.

An der Peripherie liegt die breite Fläche der selbstständigen Entfaltung jedes Volkes, in all den mannigfaltigen Bethätigungen der Einzel-Individualitäten und der Völker.

Je mehr aber jene höheren Fragen zur Geltung kommen, die der ganzen Menschheit gemeinschaftlich sind, umso mehr kann sich der

Raum verengern, umso geringer werden die Verschiedenheiten, bis sich endlich im Mittelpunkt alle Völker begegnen, in dem ihnen allen gemeinsamen Thätigkeitsfeld des Staates, in den Fragen der politischen Freiheit, der socialen Gerechtigkeit und der wirthschaftlichen Wohlfahrt.

Die Vergangenheit kehrt allerdings nicht wieder, wo es viel leichter gewesen wäre, diese Gesichtspunkte dem Verständniß der Völker näher zu bringen, und ihre Bestrebungen in richtige Bahnen zu lenken, aber es ist dies nur schwieriger geworden.

Von Unmöglichkeit kann da gar keine Rede sein; mag die Verwirrung noch so groß sein, die Thatsachen machen jede andere Entwicklung unmöglich, und so wird sich diese zweifellos in irgend welcher Weise doch Bahn brechen. Ein Symptom hiefür ergibt sich daraus, daß, trotzdem die Dinge sich in ganz anderer Weise zu gestalten scheinen, jene Entwicklung in einem Punkte doch in entschiedener Weise gefördert wurde.

Wenn bei Errichtung der bestehenden Verfassung der Begriff der staatlichen Verbindungssprache statuirt worden wäre, so hätte man, trotzdem Niemand sich der Einsicht ihrer Nothwendigkeit hätte entziehen können, doch gegen ein tief eingewurzeltes Mißtrauen der Nationalitäten zu kämpfen gehabt, und nur allmählich wäre die Befürchtung gewichen, daß diese Verbindungssprache stets den archimedischen Punkt bilden würde, von dem aus die Nationalitäten aus ihren Positionen gedrängt werden können.

Die Entwicklung der letzten achtzehn Jahre hat es nun ganz klar bewiesen, daß diese Befürchtung grundlos ist, denn bei dem wirklichen (wenn auch gesetzlich nicht statuirten) Bestand der deutschen Verbindungssprache in einem viel weiteren Umfange, als es bei systematischer Organisation nothwendig wäre, hat die Entwicklung aller Nationalitäten sich überaus günstig gestaltet, und die Zusammensetzung unseres Beamtenkörpers beweist es wohl am Besten, daß dort, wo die deutsche Sprache als Verbindungssprache gilt, die anderen Nationalitäten es sind, die das Terrain vollständig beherrschen.

Wie weit dieser Proceß gediehen ist, und wie sicher sich die Nationalitäten in dieser Richtung fühlen, zeigt am Besten eine Erscheinung in jüngster Zeit. Die Tschechen verzichten heute lieber auf eine rein nationale Organisation ihrer Behörden auf rein tschechischem Gebiet, und ziehen die Zweisprachigkeit vor, weil sie daraus einen Rechtstitel für die gleiche Zweisprachigkeit im deutschen Gebiet construiren, der ihnen als Hebel dient, ihre nationale Machtstellung auszubreiten. Hier erweist es sich thatsächlich, was sonst so paradox erscheint, daß die Nothwendigkeit der staatlichen Verbindungssprache und der Umstand, daß dies aus historischen und culturellen Gründen die deutsche ist, für die nationale Stellung der Deutschen in Oesterreich eine große Gefahr wird, weil man von ihnen als Nation ganz unberechtigter Weise die gleiche nationale Anpassung und Indifferenz fordert, die allerdings jede Nationalität vom Staate, aber auch nur von dessen Institutionen beanspruchen kann, hinsichtlich welcher aber auch die Deutschen in ganz gleicher Weise ihre nationalen Ansprüche zu vertreten berechtigt sind, ohne daß ihnen das Geltungsgebiet der deutschen Verbindungssprache als Compensation in Anrechnung gebracht werden könnte, umsoweniger, als notorisch auf jenem Gebiete der größere Einfluß seitens der übrigen Nationalitäten zur Geltung gelangt.

Wenn es den Tschechen freigestellt wird, ihre Behörden rein tschechisch zu organisiren, und wenn die Deutschen es in den Kauf nehmen, sich in rein tschechischen Gebieten dieser Organisation anzupassen, so entspricht es der nationalen Gleichberechtigung, wie sie in Oesterreich einzig und allein durchführbar ist, daß im deutschen Gebiet ausschließlich die deutsche Sprache, und zwar hier vermöge der nationalen Rechtsansprüche der Deutschen zur Geltung gelangt, und daß hier die Tschechen sich diesem Anspruch genau so anpassen, wie die Deutschen im tschechischen Gebiet.

Es handelt sich hier um die seit jeher wichtigste Frage in Oesterreich, um den Schutz der Minoritäten in den einzelnen Ländern. Sobald es einmal in Oesterreich Recht würde, daß eine nationale Majorität, ganz allein in Folge des Umstandes, daß es eine Majorität ist, auf die nationalen Einrichtungen der Minorität eine Pression ausüben kann, muß unaufhaltsam ein Chaos entstehen.

Man kann in dieser Richtung es nicht genug betonen, wie fundamental der Unterschied ist, wenn die einzelnen Völker, ebenso wie sie in hundert anderen Dingen sich den technischen Anforderungen der Verwaltung eines großen Staatswesens anpassen müssen, dies auch ausschließlich in diesem Sinne in der Frage einer Verbindungssprache thun, gegenüber dem, daß eine Nationalität das Recht in Anspruch nimmt, in die Einrichtungen der Anderen bestimmend eingreifen zu können.

Bei dieser Gelegenheit sei übrigens auf einen Umstand verwiesen, der zu großen Complicationen führt. Man beurtheilt die Beziehungen der Nationalitäten innerhalb Oesterreichs in gleicher Weise wie jene der nationalen Staaten, indem man die Nothwendigkeit nationaler Expansion als Postulat der Entwicklung propagirt.

Man übersieht hiebei einen wichtigen Umstand.

Zwischen verschiedenen Staaten bestehen keine Einrichtungen, welche die gegenseitigen Rechte gewährleisten würden, so daß diese immer darauf eingerichtet sein müssen, in letzter Linie ihr Recht durch die Gewalt zu schützen. Wenn die Macht eines Staates in dieser Richtung nicht ausreicht, und er hieburch in Bedrängniß geräth, so

steigert sich hiedurch die Intensität, mit welcher ihn die Noth zur Ver=
tretung seines Rechtes zwingt, in solcher Weise, daß er so lange kämpft,
bis eine Ausgleichung in den Machtverhältnissen zu Stande kommt,
durch welche die gegenseitigen Rechte eine zureichende Sicherung er=
langen.

Wir scheinen auch heute thatsächlich in Europa bei einem solchen
Gleichgewichtszustande angelangt zu sein.

Ganz anders stellt sich die Sache innerhalb eines Staates dar.

Hier ist es eben die Staatsinstitution mit all ihren Machtmitteln,
welche den Schutz der einzelnen Nationalitäten übernimmt, und zwar
innerhalb jener Grenzen, deren Fixirung allerdings bei uns vorläufig
noch fehlt.

Diese Grenze wird äußerlich in territorialer Weise gekennzeichnet,
weil eben auch dies ein Erfordernis für ein geregeltes Functioniren
der Verwaltung ist, allein es ist Sache jeder einzelnen Nation, durch
intensive Pflege der nationalen Cultur, vermöge welcher sie die
Wohlfahrt ihrer wirklichen Angehörigen am Besten fördert, das Band
auch mit Jenen aufrecht zu erhalten, die zeitweilig oder dauernd auf
einem anderen Gebiete leben. Jener Zwang, die eigene Entwicklung
gegen Elemente zu schützen, zu welchen man in keinem consolidirten
Rechtsverhältniß steht, wie dies zwischen zwei einander fremden Staaten
der Fall ist, entfällt hier; denn mag die Nationalität innerhalb des
Staates größer oder kleiner sein, immer steht die Macht des Gesammt=
staates dem Schutze ihrer klar gestellten Rechte zu Gebote, während es
sich bei getrennten Staatsgebieten eben um Vergrößerung oder Schutz
dieser Macht handelt, die durch Verschiebungen innerhalb eines
Staates unverändert bleibt.

Die Beziehungen der einzelnen Nationalitäten innerhalb Oester=
reichs in gleicher Weise aufzufassen, wäre geradezu ein Unsinn, denn
da der Staat keinem Theile zu diesem Zwecke seine Kräfte dauernd
leihen kann (und so schnell geht es ja mit derlei Veränderungen nicht),
so bleibt nur der Faustkampf von Volk zu Volk übrig. Dieser aber
trägt das Gegenmittel in sich selbst. Auf die Dauer findet kein Volk
Geschmack daran, denn wenn man auch zehn Menschen erschlagen hat,
bevor man selbst in's Gras beißt, so bildet das auf die Dauer für
Weib und Kind keine Entschädigung.

Wenn die Tschechen heute also laut bekennen (es geschah dies
jüngst ganz offen, indem ein Abgeordneter sagte: Bald werden die
Tschechen derart im Uebergewichte sein, daß das Deutsche in Böhmen
überhaupt nicht geduldet wird), daß sie die nationale Expansion wollen,
nun dann wollen sie den Faustkampf, und das steht ihnen ja frei, ja
das wäre sogar tapfer, aber die Verdrehung der Thatsachen, vermöge
welcher sie heute aus dem Titel der staatlichen Einrichtungen künstlich

ein Sprungbrett für die nationale Expatrirung der Deutschen schaffen wollen, das ist eine Unlauterkeit, die eines civilisirten Volkes unwürdig ist.

Wollen sie den Kampf, nun wohl, so mögen sie ihn offen proclamiren, wollen sie ihn nicht, dann können sie nur den Schutz ihrer Rechte fordern, und müssen daher das Recht der Deutschen auf gleichen Schutz anerkennen. Alles Andere ist unwürdige Verdrehung der Thatsachen, die früher oder später offenkundig wird, wo dann die Tschechen Mühe haben werden, jene Achtung zu gewinnen, die nur einem Volke zu Theil wird, das mit offenem Visir zu kämpfen gewohnt ist.

Berücksichtigt man nun, daß Böhmen als das Schlachtfeld für die gesammten Nationalitätenkämpfe zu betrachten ist, weil man überall sehr gut weiß, daß die Entscheidung, die dort fällt, alsbald für ganz Oesterreich gilt, weshalb man anderwärts zwar die entsprechende Parteistellung wählt, aber vorläufig mit Forderungen noch zurückhält, so zeigt sich, daß hier ein latentes Recht nach Formulirung ringt.

Der Umstand, daß die Tschechen sich genöthigt sehen, ihre Ziele durch künstlich construirte Motive zu verdecken, beweist klar, daß sie es fühlen, daß ihr Thun nicht auf rechtlicher Grundlage basirt, und gelingt es erst das Recht in klarer Form zum Ausdruck zu bringen, so muß dieser ganze Spuk zerstieben. Indem sie aber durch ihre Haltung gegenüber den Sprachenverordnungen offen bezeugten, daß selbst die Zweisprachigkeit innerhalb ihres unbestrittenen Territoriums ihrer nationalen Entwicklung keinen Abbruch thut, haben sie dargethan, daß sie zu der Ueberzeugung gelangten, daß die für die staatliche Verwaltung erforderliche sprachliche Verbindung mit den Postulaten der nationalen Entwicklung recht gut vereinbar ist.

Ein Zugeständnis, das jeder ruhig Denkende allerdings seit jeher gemacht hätte.

Aber angesichts der bestehenden Kämpfe bilden diese Momente einen für die Staatseinheit werthvollen Gewinn.

Da das Schicksal es so gewollt hat, daß der Entwicklung der Nationalitäten nicht durch eine vorausblickende Fürsorge die Wege gewiesen wurden, so daß die diesbezügliche Klärung dem Spiel der Kräfte überlassen wurde, darf man über die einzelnen traurigen Zwischenfälle nicht vergessen, daß der Weg zur Gesundung nur über solche krisenhafte Zustände führt.

Heute jubeln die Tschechen, wenn sie glücklich eine tschechische Schule in einen deutschen Ort gebracht haben, wenn sie über ein Sokol-Fest an der deutschen Sprachgrenze enthusiastische Berichte — sich selbst schreiben können, allein angesichts des scharfen Widerstandes, der nun endlich bei den ihrer nationalen Pflichten bewußt gewordenen Deutschen erwacht ist, wird den Tschechen doch klar werden, daß es eine verhängnißvolle Selbsttäuschung ist, wenn sie solche kleinliche Er= folge, die ihnen zudem die hochmüthige Indifferenz der Deutschen er= leichterte, schon als Fortschritte in der Tschechisirung betrachten.

Ja, die Tschechen haben viel errungen, und zwar mit Recht, denn ihre culturelle Entwicklung berechtigt sie zu nationaler Selbstver= waltung, die ihnen versagt war, und die ihnen vielleicht noch immer nicht in genügendem Maße geboten ist; aber mit der Tschechisirung der Deutschen, da hat es seine guten Wege. Das würde, angesichts der Hilfsquellen, die den Deutschen zu Gebote stehen, selbst wenn die Vertheilung innerhalb Oesterreichs für die Tschechen noch viel günstiger wäre, eines unabsehbaren Kampfes bedürfen. Diese Erkenntniß müssen die Tschechen gewinnen, wenn sie sich die Phalanx der Deutschen betrachten.

Wenn sie sich nun sagen, daß ihrer intensiven nationalen Ent= wicklung ohnedies der gleiche Schutz und die gleiche Fürsorge des Staates sicher ist, so müssen sie schließlich zu der Frage gelangen, ob denn überhaupt für jene, die heute die tschechische Nation bilden, so= wie für deren Nachkommen ein Vortheil dabei herausschaut, wenn aus dem Franz Schneider ein Frantíšek Krejčí wird, ein Vortheil groß genug, um der Nation all die Leiden und Lasten eines furchtbar schweren und langwierigen Kampfes zuzumuthen.

Die negative Antwort, die sich hier zweifellos ergiebt, führt sie auf jenen wichtigen Standpunkt zurück, den sie einst selbst formulirt haben: svuj k svému und damit ist einer gesunden Gestaltung die Bahn in dem Sinne geebnet, daß die Forderung, die alle Nationali= täten gleichmäßig an die Organisation des Staates stellen, darauf gerichtet ist, jeder Nationalität auf ihrem eigenen Grund und Boden das Recht zu wahren, sich frei und selbstständig zu entwickeln, und daß demzufolge alle Völker in einer klaren Abgrenzung die Vorbe= dingung und den sichersten Schutz hiefür erblicken.

Länder=Autonomie und Nationalitätenfrage.

Unsere gesammten Staats=Einrichtungen haben die Landes=Ein= theilung zur Grundlage — allein man mag noch so feinfühlig beob= achten, man merkt es doch ganz deutlich, daß der Länder=Patriotismus gegenüber dem Nationalgefühl weit zurück bleibt, und es ist ja allbe= kannt, daß es das unerschütterliche Grundprincip für den Bestand Oesterreichs ist, der auch in allen Phasen der Verfassungs=Entwicklung immer wieder feierlichſt anerkannt wurde, daß jeder Nationalität der Schutz ihres Beſtandes zugeſichert iſt.

Unſere Zeit hat den Reſpect gegenüber vergilbten Dokumenten faſt vollſtändig eingebüßt, und nur die Erforderniſſe des Lebens erfreuen ſich ſouveränen Anſehens. Wenn ſich alſo heute in Böhmen irgend eine Verſchiebung jenes Grundſatzes, der allen Nationalitäten ihren Beſitzſtand ſichert, vollzieht, ſo erſcheint es gleichgiltig, ob man ſich dabei auf den Titel eines Staatsrechtes beruft, vielmehr erlangt dies präjudicielle Wirkung für ganz Oeſterreich, und was daraus entſtehen muß, wenn überall die Majorität (eventuell auf Grund des ſo ſtatuirten Principes auch) jede nichtdeutſche Minorität) in gleicher Weiſe vorgeht, das kann ſich jeder ſelbſt ausmalen.

Es handelt ſich eben hier um zwei Principien, die ſich gegenſeitig vollſtändig ausſchließen.

Man kann nicht den Schutz jeder Nationalität proclamiren, und gleichzeitig eine nationale Expanſion zulaſſen, die ſich im Rahmen Oeſterreichs doch nur auf Koſten eines anderen Volkes vollziehen kann. Nur die Hitze der einzelnen Phaſen jenes Kampfes, ohne den ſich keine Entwicklung vollzieht, kann es erklärlich machen, daß man auch nur einen Moment das Unſinnige, zwei ſolche diametral entgegengeſetzte Richtungen irgendwie miteinander vereinbaren zu wollen, ernſtlich in Erwägung zieht.

Hieraus ergibt ſich mit greifbarer Klarheit, daß es unvermeidlich iſt, den Begriff der „hiſtoriſch überkommenen Wohnſitze" in unſere Verfaſſung einzufügen.

Gewiß involvirt dies eine ungeheure Arbeit und wie ſich zeigen wird, eine überaus weitgehende Veränderung der Staatsorganiſation. Aber einerſeits iſt das der einzige Weg, zu einer Geſundung unſerer Verhältniſſe zu gelangen, anderſeits drängen die Exiſtenz-Grundlagen des Staates unaufhaltſam von ſelbſt dahin, und was in dieſer Richtung nicht auf dem Wege vorausblickender Organiſation geſchieht, das wird ſich ſchon durch fortdauernde Kämpfe von ſelbſt Geltung erzwingen.

Seit Jahrzehnten iſt man in Oeſterreich gewohnt, jede Kriſe durch irgend eine Partei-Transaction zu überwinden, und obzwar wir zu einem Zuſtand gelangt ſind, für den es überhaupt keine zutreffende Bezeichnung gibt, denn es iſt ein vollſtändiger Stillſtand in allen ſtaatlichen Einrichtungen, ohne daß ſich irgendwie ein Ausweg zeigt — hofft man noch immer, es müſſe doch durch irgend einen Coup gelingen, über den Moment hinwegzukommen und dann — ja dann — da wird Gott ſchon weiter helfen. Man kann oder will es noch immer nicht begreifen, daß unſere Einrichtungen von Grund aus verfehlt ſind. Freilich, wenn man Jahrzehnte lang ſo fortgewurſtelt hat, erſchrickt man vor einer groß angelegten Action — man ist beſſen zu ſehr entwöhnt, man iſt — ſagen wir es offen — benkfaul geworden, und ſinnt auf nichts Anderes, als wie man bald dem, bald jenem das Maul ſtopfen könnte, gerade ſo, als wollte man bei einem Keſſel, aus dem der Dampf ſchon durch kleine Riſſe herauspfaucht, ſich damit helfen, daß man dieſe Riſſe mit Seidenpapier überklebt. Und doch! Wird man ſich endlich zu einem Entſchluß aufgerafft haben, dann erſt wird es ſich zeigen, daß das Schwerſte mit der Klarſtellung des Principes vollbracht iſt. Man wird Einwendungen erheben, wird Spectakel machen, aber die Rechtlichkeit des Grundſatzes iſt ſo unanfechtbar, daß dieſe ihm zum Sieg ver= helfen muß.

Freilich gibt es dann noch ein gut Stück Arbeit und an Kra= kehlereien wird da und dort auch kein Mangel ſein; aber Eines u. zw. das Werthvollſte iſt erreicht. Vorwärts geht es einem Ziel entgegen.

Hat man ſich erſt zur Umkehr entſchloſſen, dann folgt Eines aus dem Anderen, und weil es eben das größte Hinderniß für ein Vorwärts= kommen iſt, daß man ſich von der gewohnten Zaghaftigkeit und Klein= krämerei nicht losmachen kann, die Kraft zu jenem muthvollen Selbſt= vertrauen nicht findet, das allein auch Andere zu einem verheißungs= vollen Entſchluß fortzureißen vermag, iſt es wichtiger, den letzten Zweifel, der noch obwalten kann, zu bekämpfen, als die Details einer ſolchen Action darzulegen, was übrigens am Schluſſe dieſer Ausführungen in möglichſter Kürze noch geſchehen ſoll.

Die letzten Zweifel daran, daß der einzige Ausweg in der Rich= tung liegt, die hier angedeutet wurde, muß ſchwinden, wenn man das Grundgeſetz über die Reichsvertretung in ſeinen Zuſammenhang mit der Inſtitution der Landtage, ſowie die Geneſis dieſer Organiſation unterſucht, dann prüft, wie ihre Durchführung ſich in der Praxis ge= ſtaltet hat und endlich dieſer thatſächlichen Entwicklung das Geſammtbild Oeſterreichs gegenüberſtellt, wobei es allerdings große Mühe koſtet, ſich angeſichts der heutigen Zerfahrenheit, von den unzähligen Partei= Standpunkten (und Standpünktchen) frei zu halten, um wirklich das Staatsganze nach ſeinem eigenartigen Weſen in Betracht ziehen zu können.

Die Grundlage unſerer verfaſſungsmäßigen Einrichtungen bildet bekanntlich das October=Diplom, beziehungsweiſe die Februar=Verfaſſung (1861). Gegenüber dem principiellen Moment, daß Landtag und Reichsrath (ſ. Z. der weitere und engere) die alleinigen geſetzgebenden Körperſchaften ſind, woran auch i. J. 1867 feſtgehalten wurde, iſt ſelbſt die ſeither erfolgte, an ſich gewiß ſehr wichtige Aenderung, daß nicht mehr die Landtage die Wahlen für das Abgeordnetenhaus vornehmen, wie vieles Andere von untergeordneter Bedeutung. Der Zuſammenhang zwiſchen 1861 und 1867 beſteht übrigens nicht nur ſachlich, ſondern auch formell, denn im Reichsrathe von 1867 wurde ausdrücklich erklärt, daß derselbe sich auf die Verfassung v. J. 1861 stütze, und in derselben die Begrenzung seiner Rechte erblicke, daher keineswegs den Charakter einer Constituante für sich in Anspruch nehmen könne.

Es galt hauptsächlich, die Verfassung dem geänderten Verhältniß zu Ungarn anzupassen, wobei principiell auch eine Erweiterung der Länder-Autonomie erfolgen sollte — auch dies lag übrigens in der Richtung, die schon 1861 eingeschlagen war.

Charakteristisch ist es nun für das Wesen der damals maßgebenden Factoren, wie die Erweiterung der Autonomie vorgenommen wurde, und hier zeigt sich der ganze doktrinäre Formalismus, der thatsächlich unsere Verfassungsgesetze zu einem Schemen macht.

Man findet überall die herrlichsten Grundsätze in geradezu demonstrativer Weise zum Ausdruck gebracht, aber überall hinkt auch eine Einschränkung nach, die Alles wieder zu nichte macht, und nur der Umstand, daß man die ersteren Grundsätze immer so ostentativ an die Spitze stellt, die Einschränkungen aber bescheiden und unschuldig formirte, so daß man unwillkürlich an die bekannten beiden Lesearten des Studentenbriefes: „Lieber Vater! Schick' mir Geld" erinnert wird — nur das konnte den durch die practische Erfahrung längst vernichteten Schein erwecken, als hätten wir wirklich eine moderne Verfassung.

Es zeigt sich hier die bekannte Thatsache, daß Jurist und Staatsmann zwei schwer zu vereinigende Eigenschaften erfordern.

Während der Letztere der klar erkannten Nothwendigkeit Geltung verschafft, indem er in Gesetzform ihr rechtliche Kraft verleiht und sie dadurch befähigt, alles Entgegenstehende zu verdrängen, also wirklich in erster Linie productive Rechtsbildung vollbringt; ist das Sinnen des Juristen vermöge seines ganzen Wesens vorerst darauf gerichtet, ängstlich das bereits gesetzlich formulirte, sogenannte positive Recht, zu schützen, das ihm eben näher steht, als das (formal) noch ungeborene Recht, wenn sich dieses auch durch noch so viele Gründe als unentbehrliches Bedürfniß erweist. Diese ängstliche, über das, bei einer kraftvollen politischen Initiative, zulässige Maß hinausgehende Fürsorge, für die zwar bestehenden, aber als unzutreffend erkannten Gesetze und Einrichtungen, bringt den Juristen dahin, selbst die von ihm als richtig erkannte Rechtsbildung derart zu verwässern und einzuengen, daß von einer eigentlichen Rechtsbildung, die ja eben den Zweck haben soll, in die bestehenden Zustände Bahn—brechend einzugreifen, nicht mehr die Rede sein kann.

Ihren derartigen Ursprung verräth unsere Verfassung in jeder einzelnen Bestimmung.

Fast komisch muthet aber jener Passus an, dem man i. J. 1867 als eine Erweiterung der Länder-Autonomie bezeichnete.

Im Jahre 1861 wurden bekanntlich die dem weiteren Reichs=
rathe vorbehaltenen Angelegenheiten (in der Hauptsache die heute mit
Ungarn gemeinsamen Angelegenheiten) taxativ aufgezählt, dann be=
standen die Landes=Ordnungen, und alles übrige behielt die Verfassung
(ohne es zu specificiren) dem engeren (das ist, abgesehen von einigen
Aenderungen dem heutigen) Reichsrath vor.

Die Aenderung, die im Jahre 1867 in dieser Richtung vorge=
nommen wurde, bestand nun darin, daß man die Agenden des Re i chs=
r at h e s taxativ aufzählte, und zwar mit unbedeutenden Ausnahmen
alles Wichtige, das durch die Landes=Ordnungen nicht ohnehin geregelt
war, und während früher die Competenz des Reichsrathes mit „alles
Uebrige“ gekennzeichnet war, wurde nun nach der taxativen Auf=
zählung der Reichsrathsagenden „alles Uebrige“ (in Wien sagt man:
der schäbige Rest) den Landtagen zu ihren bisherigen Agenden zuge=
wiesen. Das ist Alles, was im Jahre 1867 in dieser Richtung an
der Februar=Verfassung geändert wurde. Man kann sich aus der Praxis
darüber belehren, welche Bedeutung diese Aenderung involvirt, und ob
man es nicht ebenso gut bei der früheren Fassung hätte belassen
können. Drastischer läßt es sich nicht erweisen, wie sehr man hier
Worte mit Thaten gleich bedeutend erachtete, und man thut daher am
Besten, bei einer Kritik der Verfassung, jene vom Jahre 1861
zum Ausgangspunkt zu nehmen.

Für diese besitzen wir übrigens einen überaus gediegenen Mo=
tivenbericht in jenem officiellen Artikel, den die „Wiener Zeitung“ zu=
gleich mit den Verfassungs=Gesetzen publicirte, und der wahrlich dem
Besten zugezählt werden kann, was jemals über Wesen und Bedürfnisse
des österreichischen Staates gesagt wurde.

Hier heißt es nun betreffs der Länder=Autonomie:

„Es ist eine Folge der besondern thatsächlichen Verhältnisse
der österreichischen Monarchie, es ist in gewissem Sinne der Ausdruck
derselben, daß die Selbstverwaltung weiter hinaufreicht, als in irgend
einem Lande Europas. Während sie in jenem monarchischen Staate,
wo sie sich durch musterhafte Ordnung eines wohlbegründeten und
niemals durch anarchische Erscheinungen getrübten Ansehens erfreut,
nur bis zur Grafschaftsverwaltung sich erstreckt, wird sie in Oesterreich
im Umfange ganzer Königreiche walten dürfen.“

Nach dem Hinweis auf die ausgedehnte executive Gewalt, die
den Landtagen, beziehungsweise den Landesausschüssen eingeräumt
wurde, heißt es weiter:

„Eine so ausgedehnte Einräumung von executiver Gewalt, welche
nicht vertrauensvoller in die Hände der Landesvertretungen gelegt
werden kann, als es mittels dieser Bestimmungen geschieht, würde
aber dem begründeten Vorwurfe, daß sie die Interessen einzelner oder

bestimmter Nationalfragmente oder auch der Gesammtheit des Reiches in Gefahr gerathen lasse, um nur der Landesautonomie bis aufs Aeußerste gerecht zu werden, kaum entgehen, wenn diese Einrichtung nicht einerseits nach unten in der Autonomie der Gemeinden und anderseits nach oben in der executiven Staatsgewalt ihre natürliche Begrenzung fände".

Man muß hier folgende Punkte als die maßgebenden betrachten:

Nachdem dem Reichsrathe nur jene Agenden zugedacht wurden, die allen Königreichen und Ländern gemeinschaftlich sind, ist es klar, daß nur mit Hilfe der Landtage den Anforderungen der verschiedenen Nationalitäten entsprochen werden sollte, wozu man sich wohl durch das bekannte Mißtrauen der Nationalitäten gegen den Centralismus gedrängt fühlte.

Entsprechend diesem Grundgedanken, der auch in weiteren Theilen jenes Artikels betont wird, wird die Einräumung der Selbstverwaltung für ganze Länder als eine Anpassung an die nationalen Bedürfnisse der österreichischen Völker hingestellt.

Man übersah eben, daß dieses Problem, das man hiedurch einfach aus einem Staats-Problem, zu so und so viel Landes-Problemen machte, gerade dasjenige ist, was nur, durch die entsprechende Gliederung der constitutionellen Competenzen, von Staatswegen gelöst werden kann, und innerhalb der einzelnen Landtage ebenso unlösbar bleibt, wie im Reichsrathe.

Wenn nun hervorgehoben wird, daß „eine so ausgedehnte Einräumung von executiver Gewalt nicht vertrauensvoller in die Hände der Landesvertretungen gelegt werden kann", so war damit gewiß nicht allein das Vertrauen in deren Verwaltungsthätigkeit, sondern auch in ihre nationale Gerechtigkeit gemeint, allein man fühlte sich nichts weniger als sicher in dieser Voraussetzung, und darum sah man sich gedrängt, eine „Begrenzung" nach unten in der Gemeinde-Autonomie nach oben in der „executiven Staatsgewalt" zu schaffen.

Ganz abgesehen davon, daß hier ein Widerspruch insofern vorliegt, daß man zuerst sagt: Oesterreich erfordere die Selbstverwaltung innerhalb großer Staatstheile, und dann die Autonomie des kleinsten Theiles — der Gemeinde — als nothwendiges Gegengewicht erklärt, was dafür zu sprechen scheint, daß die Interessen so mannigfaltig sind, daß sie sich eben nicht zu großen Einheiten zusammenfassen lassen, ist dadurch die ganze große Verfassungs-Action zur Bedeutung eines Experiments herabgedrückt, das man wohl heute schon als total verunglückt bezeichnen kann, denn die Verfassung ist, genau wie dieser Commentar es sagt, so gemacht, daß die Landtage, wenn sie richtig functioniren, ein weites Thätigkeitsfeld haben, — wo nicht —

fällt die ganze Gewalt an die Executive zurück, die sich eben das Amt
des Schiedsrichters reservirte.

Man würde vergebens einwenden, daß trotzdem noch viele andere
wichtige Agenden den Landtagen verbleiben, es wäre ganz überflüssig,
sich da in eine kleinliche Analyse einzulassen, das Bild der Thatsachen
bezeugt ja schon seit Jahren zu deutlich, wie richtig jene Darstellung ist.

Damit reducirt sich der ganze (vielleicht theilweise unbewußte)
Ideengang der Verfassung darauf, daß man sich in der Nationalitäten=
frage keinen Rath wußte, sich im allgemeinen an die Verfassung an=
derer Länder anlehnte, und da man natürlich vor dem Tohuwabohu
zurückschreckte, das durch eine Austragung dieser Frage im Reichsrathe
entstehen mußte, sonderte man in bequemer Weise die sogenannten
historisch=politischen Einheiten, und sagte ihnen: Kocht Euch die Sache,
die wir nicht treffen, selbst aus; trefft Ihr es nicht, so bleibt eben Alles
beim Alten. Und dabei ist es auch geblieben. Die Executive hat that=
sächlich jene Macht vollständig zurückerlangt, die sie einst besaß, und
wenn sie sich in ihrem Gebrauch vielleicht (!) doch einigermaßen einschränkt,
so ist das weniger der Verfassung, als dem Umstand zu danken, daß
wir doch kein ganz östlicher Staat sind, und sich die allgemeinen An=
sichten und Urtheile seither einigermaßen geändert haben.

Allerdings kann man einwenden, die Schuld hieran liegt ja nicht
an der Executive, sondern an den Landtagen. Aber hier zeigt sich eben
wieder das Grundübel in der ganzen bisherigen Auffassung der Na=
tionalitätenfrage.

In nationalen Interessen=Fragen gibt es zwischen Völkern keine
Berührungspunkte, und jede gemeinsame Berathung in diesen Dingen
ist widersinnig. Es ist ja die Pflicht jeder nationalen Vertretung, ihre
Interessen rückhaltlos zur Geltung zu bringen, denn da sich in diesen
Dingen nicht abgrenzen läßt, wo das Erreichbare aufhört, werden
naturgemäß die Gemäßigten von den Radicalen verdrängt; wenn also
Nationalitäten gemeinschaftlich über die Verwendung der für ihre nationalen
Interessen zu Gebote stehenden Mittel und Institutionen berathen sollen
— kann und wird immer nur die Macht entscheiden, und es entsteht
jene nationale Parteibildung mit all ihren Consequenzen, deren Verlauf
bereits ausführlich dargelegt wurde.

Ja, einst mag das vielleicht anders werden, einst werden vielleicht
auch die Nationen ihre Bestrebungen einem höheren Criterium unter=
werfen, das wird nämlich genau an demselben Tage sein, wo auch
jeder Einzelne für seinen Egoismus ein höheres Criterium bereitwillig
anerkennen wird. Es kann sogar sein, daß dieser Tag nicht einmal so
fern ist als man glauben sollte. Der Nationalismus ist und bleibt
bekanntlich nichts Anderes, als der Egoismus der Völker, gleich tief
gewurzelt, und bis zur gleichen Grenze voll berechtigt, wie der Egoismus

des Einzelnen, aber auch ebenso widerspenstig, sich an dieser Grenze festhalten zu lassen. Darum kann und wird es auch in dieser Sache vorläufig kein anderes Mittel geben, als klare, scharfe Abgrenzung des Besitzes, der Ansprüche und Rechte.

Man kann wohl mit Recht voraussetzen, daß man bei Feststellung der Verfassung solchen Erwägungen nicht Raum gab, denn sonst müßte man annehmen, daß die Einschränkung der executiven Gewalt an eine Bedingung geknüpft wurde, deren Erfüllung von vorneherein als unmöglich zu erkennen war.

Seinen weltfremden Höhepunkt erreicht aber der rein theoretische Aufbau unserer Verfassung in dem „homunculosen" Dasein, zu dem durch all diese Umstände der Reichsrath gelangt.

Kein Engel ist so rein wie dieser Reichsrath von nationalem Haber, wenn man sich ein Bild seines Wirkens ausschließlich aus dem Wortlaut der Verfassung construiren würde. Heißt es doch wörtlich, daß ihm jene Angelegenheiten zugewiesen sind, „die sich auf Rechte, Pflichten und Interessen beziehen, die allen Königreichen und Ländern gemeinschaftlich sind" (mit Ausschluß der mit Ungarn gemeinsamen).

In der Praxis haben sich die Dinge aber, wie das öfter vorzukommen pflegt, ganz anders gestaltet. Die Executive bedarf bekanntlich, wenn der Staats-Apparat nicht still stehen soll, der Unterstützung des Parlaments; nachdem nun infolge der Gestaltung der Verhältnisse in den Landtagen das Schwergewicht in nationalen Fragen der Executive zufällt, wird die parlamentarische Thätigkeit zu einem Liebeswerben um die Gunst der Executive, oder eigentlich noch häufiger zu einem Ertrotzen derselben, und es verpflanzt sich so der nationale Haber mit seiner ganzen Wucht hieher. Weil hier aber verfassungsmäßig nicht der Boden für die nationalen Kämpfe ist, muß das nationale Moment gewaltsam jeder Frage aufgezwungen werden, um es nur irgendwie zu maskiren, daß Alles nur ein Kampf gegen die nationale Haltung der Executive ist, wodurch die Thätigkeit des Parlaments zur Farce werden mußte! Es konnte hieran auch dadurch nichts geändert werden, daß man die Abgeordneten statt durch die Landtage, direct wählen ließ, theils gezwungener Weise, theils noch immer in dem Glauben, durch solche formale Behelfe eine ersprießliche Aenderung herbeiführen zu können.

Das Unangemessene der verfassungsmäßigen Einrichtungen hat eben all das zurückgedrängt, was den „Königreichen und Ländern gemeinschaftlich" ist, und nur die nationalen Gegensätze beherrschen den ganzen Staat. Weil es aber hierin nichts Gemeinschaftliches giebt, so entspricht es vollständig dem Wortlaut der Verfassung, daß der Reichsrath demzufolge nichts zu arbeiten hat, und nichts arbeiten kann.

Es wurde eben übersehen, daß der Grundsatz, der für den Reichsrath aufgestellt wurde, daß er über gemeinschaftliche Angelegenheiten zu entscheiden habe, für jeden Vertretungskörper gilt, wenn er Ersprießliches leisten soll, also auch für die Landtage. Da es nun in nationalen Fragen keine Gemeinschaft zwischen verschiedenen Nationalitäten giebt, so eignen sie sich auch nicht zur Behandlung in den Landtagen, sondern es bedarf hiefür rein nationaler Körperschaften, und der in weiterer Folge sich hieburch als nothwendig erweisenden Einrichtungen.

Man braucht sich blos das Princip des Parlamentarismus zu vergegenwärtigen, um in jeden Zweifel ausschließender Weise zu erkennen, daß er für verschiedene Nationalitäten in allen die nationalen Interessen berührenden Fragen ein Unding ist.

Der Methode, durch Majoritäten zu entscheiden, liegt doch theoretisch der Gedanke zu Grunde, daß die Majorität zugleich die größere Summe von Erfahrung repräsentire, und die Einrichtungen, die von derselben geschaffen werden, haben dies zu erweisen, und zwar dadurch, daß sie in ihrer Durchführung g l e i c h m ä ß i g auf die in der Minorität und Majorität vertretene Bevölkerung zurückwirken. Ist nun eine Maßregel verfehlt, so leidet eben die Gesammtheit darunter, und daraus ergiebt sich früher oder später die Remedur, weil nun jene, die in Nachtheil gesetzt sind, wenn eben die Maßregel mehr Schaden als Nutzen gestiftet hat, sich zur Majorität zusammenschließen. Ohne diese Correctur=Möglichkeit wäre der Parlamentarismus unmöglich, und gerade diese fehlt in nationalen Dingen vollständig, denn die Beschlüsse der nationalen Majorität kommen immer dieser zu Gute, werden von dieser nicht nur willig acceptirt, sondern bestärken dieselbe noch in ihrer Stellung und Haltung, und die Minorität ist zu ewiger Ohnmacht und Unterbrückung verdammt.

Statuirt man aber doch parlamentarische Berathungen in solchen Dingen, so müssen selbe zu einer Fiction werden, und unter dem Scheine des Parlamentarismus herrscht der entscheidende Dritte, die Regierung, aber ohne daß ihr die volle Verantwortung zufiele, weil sie eben hinter Majoritätsbeschlüssen sich deckt.

Die österreichische Verfassung bildet nicht ein sinnreiches Näderwerk, in dem ein Rad den Gang des anderen regelt, wobei die Lebens= und Entwicklungsbedürfnisse die Triebkraft liefern, und die Macht der thatsächlichen allgemeinen Verhältnisse die natürliche Hemmung ergeben.

Die nationale Strömung findet, vermöge ihrer größtentheils psychologischen Wirkungsquelle, nur dann eine Hemmung, wenn diese, was eben in unserer Verfassung fehlt, durch klare Bestimmungen gegeben ist. Weil man es fühlte, daß man hier einer elementaren Kraft gegenübersteht, die man durch diese Verfassung nicht in richtige und

feste Bahnen zu lenken vermochte, griff man zu einem widerstands=
fähigeren mechanischen System, man schuf Keile, die sich beim Ansturm
aneinanderpressen. Dieser Fall ist auch eingetreten. Die Keile sind
derart ineinander getrieben, daß jedes weitere Bemühen in der bisher
eingeschlagenen Richtung, den Fortschritt immer mehr erschwert.

Auch in anderen Staaten kommen Conflicte vor, allein hier
handelt es sich immer um Angelegenheiten vorübergehender Natur. In
der Regel genügt ein Personenwechsel, oder, wie es der normale
Verlauf ist, es entsteht die Bildung einer neuen Majorität. All das
kann bei uns keine Abhilfe schaffen, denn hier handelt es sich um
dauernde Gegensätze, denen nur durch Sonderung Rechnung getragen werden
kann. Gleichviel ob eine Regierung nach dieser oder jener Seite neigt,
begegnet sie auf der Gegenseite einem gleich heftigen Widerstande,
der sich nicht blos deshalb als unüberwindlich erweist, weil er tief
in der Volksseele wurzelt, sondern weil das ganze Wesen des Staates,
die Grundlagen seines Aufbaues, sich als Bundesgenossen dem Be=
drängten zur Seite stellen.

Niemals hat sich vielleicht deutlicher gezeigt, wie ohnmächtig alle
Gesetzesformulirung gegenüber der Gewalt der Thatsachen ist; denn
was sich hier der Macht und dem Willen jeder Regierung unüber=
windlich entgegenstellt, ist dasjenige, was dem österreichischen Staats=
begriff seinen specifischen rationalen Inhalt gibt, was aber gerade
in der Fülle der Gesetze nicht zum Ausdruck gebracht wurde: die
Rechte auf die historisch überkommenen nationalen Besitzstände.

Nicht anders ist darüber hinwegzukommen, als durch eine voll=
kommene Klarstellung und Abgrenzung derselben.

Mögen sich die Besitzansprüche hier einer, dort zweier oder mehrerer
Nationalitäten auf gleichem Boden ergeben, es handelt sich in solchen
Fällen nicht um die Wahrung scharf bis in's Einzelne begrenzter
Territorien, sondern darum, daß der Rechtsanspruch in dem Sinne
festgestellt werde, daß eine Beseitigung der nationalen Ansprüche des
einen Volkes durch das andere in solchen Theilen ausgeschlossen wird,
wie immer die Zusammensetzung der Bevölkerung sich jeweilig ändern
mag, daß aber auch anderseits das Erobern nationaler Rechtsansprüche
dort, wo selbe nicht bestehen, ein= für allemal unmöglich gemacht wird.
Da nun jede Nationalität vor allem bemüht sein wird, im Falle
der Abgrenzung, möglichst große Gebiete als ihr allein zugehörig zu
reklamiren, so ergiebt sich für die Basis des diesbezüglichen Maß=
stabes nicht allzuschwer eine Verständigungsmöglichkeit.

Was ift Oefterreich?

Unwillkürlich bräugt fich nun die Frage auf, ob denn alle jene Männer, deren öfterreichifcher Patriotismus ebenfo wie ihre große Begabung und Sachkenntniß außer Zweifel fteht, in diefer Sache wirklich fo kurzfichtig gewefen feien?

Die Beantwortung diefer Frage wird dadurch geradezu zum Bedürfniß, daß es ohne diefelbe den Anfchein gewinnen würde, als wäre hier nicht allein Kritik an der Sache, fondern gleichzeitig eine Herabfetzung jener Perfönlichkeiten geübt worden, was jedenfalls durch den Vorwurf der Ueberhebung mit Recht ftigmatifirt werden könnte, umfomehr, als unfere Verfaffung immerhin als Geiftesproduct an fich, geradezu ein Kunftwerk ift.

Vor Allem verfügen wir heute über eine umfangreiche Erfahrung auf dem Gebiete conftitutioneller Wechfelwirkungen, die damals vollftändig fehlte, und was damals mühfelig vorausberechnet werden follte, das liegt vor uns als offenes Buch.

Damals galt es aber auch überhaupt nur in Oefterreich den Conftitutionalismus einzuführen. Angefichts der felbft heute noch in weiten Kreifen beftehenden Gleichgiltigkeit gegenüber politifchen Dingen, war es klar, daß zunächft keineswegs ein großer Theil der Bevölkerung mit feinen wirklichen Intereffen auf dem Plane erfcheinen werde, fondern daß vorerft ein enger Kreis die neuen Einrichtungen zum Tummelplatz für feine perfönlichen Meinungen und Ambitionen machen werde, und man erblickte daher gewiß geradezu eine weife Fürforge darin, das Heft in Händen zu behalten. Gerade dadurch konnte man zeitweife ein freieres Spiel der Kräfte zulaffen, weil man eben den Richterfpruch fich vorbehalten hatte.

Sind nun daraus die heftigften Kämpfe entftanden, fo ift es dagegen ein überaus hoch anzurechnender Gewinn, daß gerade auf dem Wege über die, die Empfindungen des Einzelnen erfaffenden nationalen Kämpfe, die intenfive Aufmerkfamkeit der weiteften Kreife auf die öffentlichen Angelegenheiten gelenkt wurde.

Von fehr großer Bedeutung ift aber auch jene gewaltige Aenderung, die fich in diefer Epoche in den allgemeinen Anfchauungen vollzogen hat, abgefehen von den ftaatlichen Umwälzungen infolge des ftets wachfenden Einfluffes der Wiffenfchaft und insbefondere des materialiftifch-focialen Problems, der immer mehr die doctrinäre Beurtheilung politifcher Verhältniffe zurückdrängt, und zu freierer Würdigung der thatfächlichen Bedürfniffe leitet.

Entfcheidend aber war bekanntlich das Verhältnis, in dem Oefterreich im Jahre 1861 zum deutfchen Bunde ftand; mit diefer Stellung als Stützpunkt, konnte man annehmen, daß die Stellung der Deutfchen

Oesterreichs so gefestigt sei, daß es in ihre Hand gegeben bleiben würde, nach Thunlichkeit den Nationalitäten von Fall zu Fall entgegenzukommen, und daß gerade die überragende Stellung der Deutschen, im Bunde mit der Staatsgewalt, die Nationalitäten zur Mäßigung, beziehungsweise zur dankbaren Anerkennung der theils gemachten, theils noch zu gewährenden Concessionen bewegen würde.

Während aber einerseits das Schwergewicht der Nationalitäten Oesterreich die führende Stellung im deutschen Bunde auf die Dauer unmöglich machen mußte, konnten dieselben andererseits nicht dazu gebracht werden, sich mit geduldigem Hoffen auf die Großmuth der Deutschen zu bescheiden.

Als im Jahre 1866 die deutsche Frage zur Entscheidung gelangte, und schon die Auseinandersetzung mit Ungarn erfolgt war, konnte man sich einerseits über die neugeschaffene Situation nicht sofort klar werden, andererseits betrachtete man dieselbe nicht als endgiltigen Abschluß eines historischen Processes.

So zeigt sich, daß auch formell unsere Verfassung für ein anderes Staatswesen bestimmt war, als jenes, zu dem Oesterreich im Jahre 1866 geworden ist, nämlich für den deutschen Bundesstaat.

Mit dem Ausscheiden aus dem deutschen Bunde ist Oesterreich ein reiner Völkerstaat, eine Völker-, nicht aber eine Länder-Föderation geworden, wofür jene Einrichtungen, wie sie in anderen Staaten bestehen, absolut nicht ausreichen können.

Trotz aller vergilbten Documente ist ja Oesterreich staatsrechtlich doch ein Einheitsstaat, und die Scheidung in sogenannte historisch-politische Einheiten beruht weit weniger auf staatsrechtlichen Grundlagen, als auf einer, allerdings mächtig fortwirkenden Tradition. Aber die eigentliche Scheidung der Einheiten, die den österreichischen Staat bilden, ist keineswegs eine territoriale, sondern ausschließlich die nationale Scheidung der Völkergruppen, und darum muß das Fundament unserer Institutionen speciell vor Allem d i e s e r Thatsache angepaßt sein.

So gelangen wir zu dem Gesammtbilde des österreichischen Staatswesens.

Abgesehen davon, daß vor dem Jahre 1866 die Gesammtheit der staatlichen Agenden überaus beschränkt war, bildete gerade das Verhältniß Oesterreichs zu den deutschen Staaten eine so wichtige Angelegenheit für dasselbe, daß die innere Gestaltung Oesterreichs dem gegenüber zurücktrat, so sehr, daß die Beziehung Oesterreichs zu Deutschland demselben die Bezeichnung eines deutschen Staates verlieh; und diese Tradition war es, welche den Blick der maßgebenden Factoren auch nach dem Jahre 1866 trübte, was sich am Besten in der Haltung der Deutschen im Jahre 1879 und in der Ueberlegenheit zeigte, mit der man das damals conſtituirte Miniſterium Taaffe aufnahm.

Stellt man ſich aber mit jener Unbefangenheit, zu der die Ereigniſſe endlich gedrängt haben, auf den Standpunkt der Thatſachen, ſo iſt der Charakter des öſterreichiſchen Staatsweſens durch ſeine Loslöſung von Deutſchland ſo einfach und klar, daß man fürchten muß, eine ſolche Banalität auszuſprechen. Während es bis dahin ein Staat war, der ſeine eigene Macht einem äußeren Zwecke widmete, und hieraus ſich die Richtſchnur für ſeine Ziele ergab, war es nun ein Staat geworden, der darauf allein angewieſen iſt, die ganze Kraft ſeinen inneren Zwecken zu widmen, ein Staat, der nun nichts anderes mehr iſt, als die Summe ſeiner Theile. Ueber das Weſen dieſer Theile muß man ſich klar ſein, um das Weſen des Ganzen zu erkennen.

Im abſolutiſtiſchen Staat wäre es allerdings möglich geweſen, als dieſe Theile die Königreiche und Länder zu betrachten, weil da der Staat es iſt, der die einzelnen Theile ſcheidet und ihnen ihre Bedeutung zuerkennt; ganz anders im conſtitutionellen Staat. Mag der Conſtitutionalismus noch ſo begrenzt ſein, inſoweit der Bevölkerung eine Ingerenz zugewieſen iſt, gelangen innerhalb derſelben jene Ideen zum Ausdruck, die eben in der Volksſeele wurzeln, und dementſprechend ſcheiden ſich die Theile. Und daß dies in Oeſterreich in erſter Linie die nationalen Ideen ſind, dafür ſteht wirklich eine erdrückende Laſt von Beweiſen zu Gebote, womit der Charakter Oeſterreichs in erſter Linie als der eines Völkerſtaates zweifellos feſtgeſtellt erſcheint.

Steht dies einmal feſt, ſo ergibt ſich für jenes Verhältniß, das durch eine Verfaſſung nicht geſchaffen, ſondern ſichergeſtellt zu werden hat, die Grundlage von ſelbſt, und man kann dies nicht beſſer zum Ausdruck bringen, als wenn man ſich die einzelnen Völker perſonificirt vorſtellt, gegenüber dem gleichfalls perſonificirten Staat.

Jedes einzelne erſcheint und legt ſein Inventar vor und fordert vom Staat, wenn es ſich mit den anderen vereinigen ſoll, daß ihm dieſes Inventar ſichergeſtellt werde, denn iſt ihm dies nicht verbürgt — welche Bedeutung hat dann noch die ſtaatliche Vereinigung? Sie löſt die Volksgruppe los von ihren Freunden außerhalb des Staates, und ſchützt ſie nicht gegen ihre Gegner innerhalb desſelben. So, und nur ſo kann man ſich das wechſelſeitige Verhältniß der Nationalitäten untereinander und gegenüber dem Staate vorſtellen, nicht aber, daß man Gleichberechtigung proclamirt, und es dem Zufall überläßt, wie ſich einer gegen den anderen wehrt.

Dieſe Klarſtellung muß den allererſten Punkt der Verfaſſung bilden, denn dieſe iſt in Oeſterreich, das, wenn es auch heute als Ironie klingt, doch nur einen Völkerbund darſtellt, genau dasſelbe, was in einem Staatenbund die Klarstellung der gegenseitigen Grenzen ist, und man wird sich wohl kaum denken können, daß ein Staatenbund friedlich bestehen kann, so lange innerhalb desselben die Grenzen nicht klar gestellt sind. Wir wissen ja aus der Vergangenheit auch davon ein Liedchen zu singen.

Prüft man nun, wie unsere Verfassung diesem Gesammtbilde entspricht, und erinnert man sich dabei, wie das Unzutreffende derselben in der Praxis sich schon daraus ergibt, daß die nationalen Angelegen= heiten dem ihnen vorbehaltenen Forum, den Landtagen, thatsächlich immer mehr entzogen werden mußten, so daß wir eigentlich bei einem Chaos der Competenzen angelangt sind, so muß jeder finden, daß diese Verfassung für unsere Verhältnisse genau so paßt, wie ein Drahtnetz, das man nach den Landesgrenzen formt, mit den verschiedenen Sprachgrenzen einer ethnogra= phischen Karte Oesterreichs übereinstimmen würde. Hier trennt es kleine zusammengehörige Gebiete (z. B. Nieder=, Ober=Oesterreich, Salzburg), dort umspannt es colossale Gebiete und preßt Völker zusammen in Dingen, die dort, wo es trennt, gemeinsam, und, wo es zusammen= schließt, grundverschieden sind.*)

*) Es ist gewiß richtig, daß die Autonomie der geeignetste Weg ist, ver= schiedenen Elementen die Gleichberechtigung zu sichern, aber da muß man sie doch speciell jenen Theilen einräumen, welchen die Gleichberechtigung zu Theil werden soll, und das sind in Oesterreich die Völker, nicht aber die Länder, deren Auto= nomie ausschließlich vom Gesichtspunkte rationeller Verwaltung in Betracht gezogen werden kann. Hiebei fällt die historisch entwickelte Einrichtung, daß die Verwaltung sich seit Langem nach diesen Einheiten gliedert, gewiß aus practischen Gründen sehr schwer in's Gewicht. Aber es muß zwischen Verwaltung und nationalem Leben scharf unterschieden werden. Welche Bedeutung soll es in nationaler Richtung haben, daß man zum Beispiel Grenzen aufrichtet zwischen Ober= und Nieder=Oesterreich, Salzburg 2c., dann zwischen Böhmen und Mähren 2c. 2c.? Wie soll diese Länder=Autonomie die nationale Gleich= berechtigung sichern, sobald die Entscheidungen innerhalb jedes Landes parla= mentarisch erfolgen sollen? Curien fruchten da auch nichts. Denn, sind sie in nationaler Hinsicht ganz autonom, so ist ja damit der Landtag national voll= ständig getheilt, also die nationale Autonomie statuirt, und die gemeinsame Berathung genau im Sinne obiger Bemerkungen als unmöglich erklärt. Bei einem bloßen Veto=Recht aber, werden sich die Nationalitäten erst recht in negativer Weise beherrschen, denn dadurch, daß eine Nation ihr Veto einlegen kann, vermag sie noch nichts Positives zu erlangen, und gerade das ist wohl das Wünschenswertheste.

Die Länder=Autonomie vermag demnach für die Sicherung nationaler Gleichberechtigung absolut nichts zu leisten, und der Umstand, daß die Exekutive gerade in jener Frage, die vornehmlich durch die Länder=Autonomie gelöst werden soll, die Zügel in der Hand behalten muß, macht einen solchen Con= stitutionalismus zur lächerlichsten Selbsttäuschung.

Der fundamentale Grundgedanke unserer Verfassung, die National= tätenfrage mit Hilfe einer wenn auch gemäßigten Länder=Autonomie lösen zu wollen, das ist der Grundirrthum von dem man ausging, und von dem endlich abzukommen die allerhöchste Zeit ist, denn zwischen den nationalen Existenz= bedingungen und solchen territorialen Abgrenzungen gibt es keinen Zusammenhang.

Also, alle Achtung vor den Schöpfern der Verfassung, insbeson=
dere jener von 1861 — die immerhin sich als sinnreich in dem Sinne
gezeigt hat, daß sie, wenn die Sache schief geht, sich von selbst aufhebt
und einfach Alles zum Stillstand bringt, aber alle Pietät muß auf=
hören, wenn die Thatsachen so deutlich sprechen, wenn Stück um Stück
der Verfassung in seiner Wirkungskraft versagt, so daß heute jeder
weiß, selbst ihr formaler Bestand ist nur noch durch die Gemein=
samkeit mit Ungarn vor dem Zusammenschrumpfen auf den § 14 ge=
schützt. Da kann man sich dieser Sprache der Thatsachen, die schon
mehr als Aufschrei klingt, nicht mehr verschließen — sonst wäre man
wirklich jener Frau zu vergleichen, die, von ihrem Manne bei einem
Fehltritt ertappt, nachdem sie sich vergebens bemüht, ihm Alles aus=
zureden, endlich ausruft: Glaubst Du Deinen Augen mehr als meinen
Worten?

Einem betrogenen Mann gegenüber ist vielleicht selbst das noch
unter Umständen verzeihlich, aber, bei den durch all die jahrelangen
Wirren in ihrem Erwerbsleben und in ihrer Entwicklung tief ge=
schädigten Völkern Oesterreichs, eine solche Selbsttäuschung und Täu=
schung Anderer noch länger zu unterstützen, das wäre wahrlich ein
Verbrechen.

Schlußfolgerungen.

Die Frage, wie eine gesunde Aenderung in all diesen Dingen
erfolgen könnte, wurde bereits in einer Brochure *) ausführlich darzulegen

*) In der vor Kurzem im gleichen Verlage erschienenen Broschüre (Grund=
züge für eine endgiltige Lösung der Nationalitätenfrage in Oesterreich) ist ein
Weg dargestellt, auf welchem wir zu zweckentsprechenden Einrichtungen ge=
langen könnten.

Der Tenor der diesbezüglichen Besprechungen seitens der Presse geht
bei allem Wohlwollen in der Beurtheilung dahin, daß diese Vorschläge zu
weitgehend seien; insbesondere in der Wiener Wochenschrift „Die Zeit“ wird
nach einigen anerkennenden Bemerkungen, für die ich mich zu Dank verpflichtet
fühle, gesagt, daß hinsichtlich der Schulfragen auch im Wege der Curien das
erreicht werden könne, wofür hier nationale Culturparlamente in Vorschlag
gebracht werden. Es sei bei diesem Anlasse bemerkt, daß diese Bezeichnung nur
mit Rücksicht auf die wichtigsten Gegenstände, mit welchen sich solche Körper=
schaften zu beschäftigen hätten, gewählt wurde. Im Falle ihrer Errichtung dürfte,
entsprechend ihrem Wesen und Wirkungskreis, der Name „Nationalrath“
(zum Beispiel österreichisch=deutscher, österreichisch=tschechischer, österreichisch=
polnischer 2c. — Nationalrath) angemessener befunden werden. Es handelt sich
eben darum, für jedes der österreichischen Völker den unentbehrlichen natio=
nalen Brennpunkt zu schaffen, von dem aus die nationalen Einrichtungen
jedes Volkes einheitlich organisirt werden können. Dies ist gerade für die
höheren Anstalten von größter Wichtigkeit. Zum Beispiel würden die Tschechen,

versucht, darum will ich diese Sache nur nach zwei Richtungen be=
leuchten. Hinsichtlich der principiellen, weil hiebei das ganze Problem
auf die allgemeinste und einfachste Formel zurückgeführt wird, ferner
hinsichtlich des Nachweises, daß eine nationale Sonderung wirklich den
bisherigen Conflicten ein Ende bereiten muß, ohne daß die nationale
und die territoriale Abgrenzung (für Zwecke der Verwaltung) sich
durchwegs decken müßten.

In ersterem Punkte braucht man sich nur die beiden unerläß=
lichsten Componenten jedes Staates (Bevölkerung und Staatsterri=
torium) vor Augen zu halten, die in erster Linie bestimmend für die
Gestaltung desselben sind.

Wo die Bevölkerung einheitlich ist, wird natürlich die rein terri=
toriale Abgrenzung für Zwecke der Verwaltung ausreichen und da die

---

bei national einheitlicher Organisation, heute noch keine zweite Universität in
Brünn anstreben, sondern zunächst die bestehende ausgestalten, dagegen für
Brünn höhere technische Lehranstalten verlangen. Ebenso könnte ein Fall, wie
der des Cillier Gymnasiums, nie eintreten, weil man zu sehr dazu gedrängt
wäre, sich vor Allem von praktischen Gesichtspunkten leiten zu lassen, und daher,
wenn schon derzeit ein Gymnasium als dringendes Bedürfnis erkannt wurde,
eine möglichst centrale Lage desselben gewählt worden wäre.

Daß übrigens, sobald eine nationale Scheidung innerhalb der einzelnen
Länder vollzogen wäre, ein Zusammenschluß der einzelnen Nationaltheile sich
von selbst ergeben müßte, das kann gar nicht bezweifelt werden, so daß es
gar keinen Sinn hätte, innerhalb der Länder die Nationalitäten zu sondern,
ohne gleichzeitig den Zusammenschluß der Theile zu organisiren. Demnach
erscheinen diese Nationalräthe nicht als selbstständiger Vorschlag für neue
legislative Körperschaften, sondern als organisches Ergebnis der, unbeschadet
der bestehenden Verwaltungs=Einheiten, unerläßlich gewordenen nationalen
Sonderung zum Zwecke autonomer Selbstbestimmung.

Wenn „Die Zeit" weiters bemerkt, daß vor solchen Umgestaltungen eine
versöhnlichere Stimmung eintreten müsse, so hat diese Bemerkung gewiß sehr
viel für sich, aber diese Stimmung kann doch nicht rein gefühlsmäßig eintreten,
daß etwa die Czechen auf einmal sagen: So, nun wollen wir wieder Freunde
sein. Gerade um zu einer solchen Stimmung zu gelangen, erscheint es als ge=
eignetes Mittel, Friedens=Präliminarien in Form eines Organisations=Ent=
wurfes zu schaffen, in welchem die diversen Forderungen so weit als nur
möglich berücksichtigt erscheinen. Es sei hier offen eingestanden, daß zum Theile
die oberwähnte Bemerkung der „Zeit", die gewiß von vielen Seiten als richtig
befunden worden ist, und die wirklich unanfechtbar scheint, mich zu vorliegender
Publication veranlaßt hat, um zu beweisen, daß unter der Herrschaft der be=
stehenden Verfassung diese versöhnlichere Stimmung niemals eintreten kann,
weil ihr fundamentalstes Grundprincip die Nationalitäten zwingt, ihre
Rechte und Ansprüche in stetem Kampf zu verfechten, ein Kampf, dem dieselben
erst dann entsagen können und werden, wenn die Grenzen ihrer Rechte wenig=
stens in der Hauptsache gegen jeden Angriff seitens anderer Nationalitäten
dadurch sichergestellt sind, daß innerhalb jenes Rahmens jeder unerwünschte
Einfluß von anderer Seite unmöglich gemacht ist.

Verwaltung ziemlich anpassungsfähig ist, so erfolgt diese Abgrenzung
zumeist auf Grundlage historischer Entwicklung.

Aber schon die Verschiedenheit der Berufe erfordert eine Sonderung der Institutionen, wie viel mehr die Verschiedenheit der Nationalitäten, da doch die Pflege jeder einzelnen es bei einer Vertheilung,
wie sie in Oesterreich der Fall ist, als anerkanntes Staats-Postulat
gelten muß.

Man muß in dieser Richtung den Menschen als ein Universal-
Instrument betrachten, das mannigfachen Zwecken dienen muß und
dienen kann, bei welchem die mannigfachen Eigenschaften in vielfachen
Varianten sich entwickeln und die jeweilige Richtung und der jeweilige
Grad dieser Entwicklung bestimmt die Bedürfnisse des Augenblickes.
Die Nationalitäten stellen nun, trotz der in letzter Linie bei allen
Menschen bestehenden Gleichheit, grundverschiedene Entwicklungs-Cate-
gorien dar, und nur sie selbst haben das richtige Gefühl für ihre Bedürfnisse, nicht etwa vergleichsweise — sondern ganz genau so, wie
jeder absolut nur selbst weiß, was er in jedem Moment denkt oder
empfindet.

Wenn man dem Einzelnen, wenn er momentan daran denkt,
sein Haus zu bestellen, nun veranlassen wird, auf einen Baum zu
klettern, um Obst zu pflücken, wird er einigemal — sofern er Willigkeit
und auch Achtung vor dem Befehlenden hat — dem entsprechen, aber
wenn er dann sieht, daß er Unmassen von Obst hat, dagegen im Haus
ihm anderes zu Grunde ging u. s. w., wird er endlich unwillig erklären: Laß' mich, ich weiß schon selbst, was ich zu thun habe. Da
das Leben so beschaffen ist, daß jeder vor Allem befähigt sein muß,
sich selbst zu helfen und jeder nur auf diesem Weg über sich selbst
Klarheit gewinnen kann, so muß er endlich selbstständig werden, sofern
er nicht zu ewiger Hilflosigkeit verdammt sein soll. Nur so lernt er
seine Kräfte gebrauchen und seine Schwächen verbessern. Genau so ist
es mit den Nationen; sie mögen einander noch so wohl wollen, jeder
Einzelne befindet sich in jeder Beziehung in einem anderen Entwicklungs-
stadium und es erscheint ausgeschlossen, daß sie gegenseitiges Verständniß
haben für die jeweilige Actualität und Intensität der gegenseitigen
Bedürfnisse, und über die Beschaffenheit der im Wesen der einzelnen
Nation gegebenen Mittel und Wege zur Befriedigung derselben.

Das Ziel aller nationalen Bestrebungen mag in letzter Linie
das gleiche sein, aber jede Nation befindet sich in einer anderen Him-
melsrichtung von demselben und hat daher, obzwar dem gleichen Ziele
zustrebend, doch einen ganz anderen Weg zurückzulegen, und nur selten
tritt der Fall ein, daß eine Nation den Weg so verfehlt, daß sie zunächst dem Punkte zustrebt, auf dem eine andere Nation sich befindet,
um in und mit ihr den weiteren Weg zurückzulegen.

In territorialer Beziehung läßt sich Alles machen, denn hier handelt es sich um unveränderlich gegebene, gewissermaßen todte Beziehungen; nationale Unterschiede bilden jedoch eine von dem ganzen Umfang der menschlichen Fähigkeiten getragene lebendige Kraft, die man nur vernichten kann, oder innerhalb des erforderlichen Spielraumes sich ausleben lassen muß.

Wenn daher in einem Staate Verschiedenheit der Nationen besteht, so müssen in allererster Linie seine Einrichtung dieser Thatsache angepaßt sein, dann erst ergibt sich das Weitere.

Nationale und territoriale Abgrenzung.

Tritt man diesem Grundsatz näher, so zeigt sich bald, daß — so groß die Verschiedenheiten sein mögen — sie doch sachlich begrenzt sind, es bleibt immer eine Summe gemeinschaftlicher Gegenstände, die, sei es von der Natur gleichmäßig gegeben sind, oder aber, daß die allseitige Entwicklung der Nationen in manchen Dingen eine Einheitlichkeit besitzen z. B. in wirthschaftlichen, technischen, sanitären Fragen, anderseits in ihrem Werthurtheil über Religion, Kirche, Recht 2c. 2c. In dieser Richtung ergibt sich dann die territoriale Gliederung um so leichter, als das nationale Band mehr geistiger Natur, also nicht so streng an räumliche Bestimmtheit gebunden ist. Zum Beispiel wird bei nationaler Rechtssicherheit jeder seine zuständige Behörde gewiß lieber näher haben, ebenso vereinigen sich national getrennte Interessen bei Bahnen 2c. 2c.

Wir gelangen so zu dem Endergebniß, daß Staaten mit einheitlicher Bevölkerung sich mit ihren Einrichtungen, gerade mit Rücksicht auf die Anpassungsfähigkeit des Menschen, ausschließlich nach dem unabänderlich gegebenen territorialen Staats-Componenten richten können, dort aber, wo eine Verschiedenheit der Völker, mit verschiedenen Entwicklungs-Eigenschaften gegeben ist, muß auch diesem Staats-Componenten, und zwar weil es hier lebendige Kräfte mit bestimmten Richtungs-Intentionen sind, in erster Linie Rechnung tragen, erst dann tritt der zweite Component in seine Rechte.

Bei der Durchführung compliciren sich nun diese Dinge, weil ja die nationalen Postulate sich auch auf die territorial gegliederten Einrichtungen beziehen, allein da diese sich sachlich nur auf jene Gegenstände erstrecken, die keinen specifisch nationalen Charakter haben, handelt es sich hier blos um das rein technische Moment der Sprachenfrage, das derart bei Weitem nicht mehr die Summe alles nationalen Strebens auf sich concentrirt.

Hier ergibt sich ein Compromiß, das bei jeder Nation dadurch vorbereitet ist, weil sie sich in jenen Dingen nicht national specificirt fühlt, u. zw. gelangt man zu einer Verständigung in dem Sinne, wie weit die in diesen Richtungen für alle Nationen in erster Linie stehende, sachlich vortheilhafte Organisation sich mit dem nationalen Leben, ohne Schädigung der Zwecke jener territorialen Einrichtungen, in Einklang bringen läßt.

Infolgedessen ist es eben nicht unerläßlich, daß die territoriale Eintheilung für Verwaltungszwecke mit den Nationalgrenzen sich decke, so daß nationale Provinzen entstehen würden, eine Sache, die, bei dem In-einanderfließen der nationalen Grenzen, in Oesterreich unmöglich wäre, und immer wieder innerhalb der territorialen Einheiten dieselben Kämpfe hervorrufen müßte.

Wir bedürfen vielmehr, im Sinne der vorerwähnten zweifachen Gliederung unserer Staats-Componenten, zweifacher Abgren-zung, einerseits der nationalen, andererseits der territorial-administrativen, und weil eben die nationale Abgrenzung hauptsächlich nicht sachrechtlicher, sondern geistig-rechtlicher Natur ist, so können, bei gegenseitig abgegrenzten Rechtssphären, mehrere nationale Rechte innerhalb eines Terri-toriums bestehen; dagegen ist und bleibt es ausgeschlossen, daß natio-nale Rechte sich der territorialen Gliederung, ohne den nachhaltigsten äußeren Zwang, anpassen.

Es wird sich demzufolge auf die Dauer nicht vermeiden lassen, daß für Fragen, bei welchen das nationale Moment vornehmlich in Betracht kommt, jede Nation ihr eigenes, von den anderen Nationen vollständig unabhängiges, Forum wird erhalten müssen, wobei in diesen Fragen die nationale Einheit durch keine terri-toriale Scheidung unterbrochen sein wird, unddiesen Körperschaften wird dann ein weit größeres Gewicht zufallen, als heute den Landtagen, die dann eine Art von Provinzial-Verwaltungsrath sein werden. Jene exceptionelle Stellung, die heute dem Landes-Aus-schuß zufällt, wird dann wohl, wie dies schon heute von Vielen für ersprießlicher gehalten wird, amtlichen Functionären zufallen, während gerade auf dem Gebiete der nationalen Organisationen solche Stellungen sich für Jene bilden dürften, die ihrer Nation geistig vorausleuchten.

Indem die einzelnen Nationen zur gegenseitigen Unabhängigkeit gelangen, schwindet auch ihre Abhängigkeit gegenüber der Exekutive, und dann erst ist die Vorbedingung für einen echten Constitutiona-lismus gegeben. Da aber jede Nation alle politischen Richtungen und wirthschaftlichen Interessen umfaßt, werden sich innerhalb jeder derselben entsprechende Parteibildungen vollziehen, die sich dann im Reichsrath — der nunmehr einer national machtlosen Exekutive

gegenüberstehen wird — zu den lang ersehnten politischen und
wirthschaftlichen Parteien zusammenschließen werden in jenen Fragen,
die, nunmehr von nationalen Elementen losgelöst, rein politischen und
wirthschaftlichen Charakter wieder erlangen werden.

Praktisch erprobt ist eine solche Organisation von Staats-Ein-
richtungen allerdings noch nicht. Das in Oesterreich übliche System, sich
auf die Uebernahme des anderwärts Erprobten zu verlegen, hat gewiß
sein Gutes, aber in dieser Frage ist ein solches: Nur langsam voran! nicht
möglich, denn ein zweites Oesterreich gibt es nicht und gerade der
Umstand, daß derartiges anderwärts nicht besteht, spricht eher für
als gegen die Sache. Für seine ganz specifische Eigenart bedarf
Oesterreich auch einer ganz specifischen Organisation, und daß eine
solche in unserer Verfassung bisher vollständig mangelt, das ist ja
ihr größter Fehler.

Hiemit wären alle in diesen Ausführungen aufgeworfenen Fragen
erörtert, und es erübrigt nur noch zu prüfen, wie es mit der praktischen
Durchführung steht.

Da scheint es vielleicht Vielen, daß eine solche System-Aenderung
im Jahre 1867 möglich gewesen wäre, heute aber nicht mehr.

Nun wohl, hätte man im Jahre 1867 den Begriff der historisch
überkommenen Wohnsitze mit der daraus abzuleitenden Amts- und
Gerichts-Organisation in die Verfassung aufgenommen, so hätten die
Nationalitäten auch den Hebel in Amt und Schule angesetzt.

Die einsprachige Organisation*) derselben hätte einerseits die Zusammensetzung der höheren Instanzen beeinflußt, anderseits hätte sich
die nationale Abgrenzung von selbst ergeben, ebenso in weiterer Folge
der Zusammenschluß der so abgegrenzten connationalen Gebiete zu
angemessenen dispositiven Körperschaften. Diese drei Decennien wären
in solcher Weise thatsächlich der organischen Entwicklung gewidmet gewesen. Wir hielten heute wohl schon ziemlich weit, und in Anbetracht
der Stetigkeit, die eine solche Entwicklung gezeigt hätte, wäre auch in
vielen Dingen die Zeit nicht so unfruchtbar verstrichen, während so
die dreißig Jahre einzig und allein dazu gedient haben, daß die Macht
der thatsächlichen Verhältnisse sich selbst unwiderstehlich zur Geltung
brachte, das aber ist auch der Gewinn. Heute stehen wir vor dem
vollständig klaren Bild, dem gegenüber es für alle Theile heißt: se
soumettre.

Vielleicht kann sich, hinsichtlich einzelner besonders zurückgebliebener
Nationalitäten, die Entwicklung auch heute noch in gleicher Weise vollziehen, im großen Ganzen dürfte das aber unmöglich geworden sein,
denn alle Völker stellen heute das Maximum der erfüllbaren Ansprüche,
gehen sogar vielfach darüber hinaus.

*) Siehe die beiden Fragen auf Seite 15.

Aber auch davor braucht man nicht zurückzuschrecken. Gewiß wird bei Erfüllung all dieser Forderungen das Functioniren der Verwaltung stark leiden, allein in demselben Maße, in welchem die Nationalitäten sich in ihrer Existenz gesichert fühlen würden, und insbesondere je mehr sie sich mit ihren eigenen Angelegenheiten allein zu beschäftigen haben würden, würden sich die in der heutigen Kampfstimmung nicht beach= teten Nachtheile der erschwerten Verwaltung, die ihnen selbst am meisten zur Last fallen, fühlbar machen, und da sie in nationaler Hinsicht nichts mehr fürchten werden, so wird sich die Entwicklung in umge= kehrter Richtung vollziehen, indem jede Nation den Anforderungen einer geregelten Verwaltung bis zur nothwendigen Grenze Rechnung tragen wird, während schon die Mitwirkung der nationalen Elemente bei der Verwaltung dafür bürgt, daß diese so weit als möglich den nationalen Wünschen entgegenkommen wird.

In einem Punkte aber ist heute die Durchführung unbedingt viel leichter als vor dreißig Jahren, indem heute nicht nur eine un= verhältnißmäßig größere Zahl geeigneter Kräfte zu Gebote steht, sondern auch die verschiedenen Sprachen sich seither für die staatlichen Bedürfnisse überaus günstig entwickelt haben.

Allerdings, die Abgrenzungsfrage erscheint jetzt mit einem Schlage für ganz Oesterreich aufgerollt, und davor mag Viele ein Bangen be= schleichen. Ist aber die Sache principiell beschlossen, so sind wir anderer= seits für Kämpfe, wie sie für die Zeit der diesbezüglichen Feststellungen allerorten entstehen werden, doch schon einigermaßen abgehärtet.

Der Gedanke, daß jede österreichische Nation zu selbstständigem Leben erwachen wird, was (ausgenommen die Deutschen) für die Meisten umso bedeutungsvoller ist, als sie auch eine selbstständige nationale Gruppe bilden, oder doch sich als national führender Theil gegenüber ihren Connationalitäten in anderen Staaten betrachten, dieser Gedanke dürfte aber selbst in den Abgrenzungsfragen mil= dernden Einfluß üben.

Der Enthusiasmus, den aber eine solche Wandlung zweifellos bei einzelnen Nationalitäten wecken würde, ließe sie es vielleicht zum ersten Mal empfinden, daß es der Boden Oesterreichs ist, auf dem sich ihnen wirklich freie Bahn für die Pflege ihrer Nationalität eröffnet.

Aus all dem läßt sich ersehen, wie leicht man in die Irre geht, wenn man die Dinge nach ihrem äußeren Schein beurtheilt, denn nach all dem ist es klar, daß die eingangs gestellte zweite Frage hinsichtlich der Lösbarkeit des Nationalitätenproblems: „Ob und inwiefern die nationalen Aspirationen das Hinderniß für den nationalen Frieden bilden?" ganz anders zu beantworten ist, als es nach den Ereignissen des Tages den Anschein hat.

Nicht die nationalen Aspirationen gefährden den Frieden, sondern die Unzulänglichkeit der Verfassung ist es, die die Nationalitäten zwingt, im gegenseitigen stetigem Kampfe ihre Rechte zu wahren, denn die Verfassung bietet kein Mittel, dieselben friedlich zu behaupten und gesichert zu sehen. Bei der Beschaffenheit der menschlichen Natur, und dem daraus sich ergebenden Charakter von Volksbewegungen, mußte demzufolge eine extreme Steigerung der Ansprüche entstehen.

Wer die nationale Bewegung verfolgt hat, muß es bestätigen, daß man in der steten Steigerung derselben diesen Ursprung nicht verkennen kann.

War dieselbe doch seit jeher eine Abwehr gegen die Germanisation, und selbst die staatsrechtlichen Ansprüche Böhmens beruhten auf der Ueberzeugung, daß es kein anderes Mittel gebe, die czechische Nation in Oesterreich vor der Germanisation zu schützen. Erst in neuerer Zeit hat diese Bewegung einen agressiven Charakter angenommen, in der Absicht und in der Hoffnung, innerhalb der territorialen Begrenzung ein rein czechisches Volk zu erlangen. Kann es noch einen deutlicheren Beweis dafür geben, daß die rein territorial-administrative Abgrenzung geradezu dazu anreizt, ihr auch den nationalen Charakter zu erkämpfen?

Die gegenwärtige politische Situation.

Wie sehr aber die Verfassung im Allgemeinen zu einem wirkungslosen Dokument geworden ist, wird dadurch am Besten erwiesen, daß in Oesterreich allgemein das Schlagwort verbreitet ist: „Die Politik ist eine reine Machtfrage". Hinter dieses Schlagwort hat sich bisher alle Muthlosigkeit verkrochen, und man stellt es gerade solchen Dingen gegenüber, die man für vernünftig und ersprießlich hält. Nun wohl, mag die Politik eine Machtfrage sein. Aber doch nicht mit Ausschluß der Vernunft?

Man lasse sich doch nicht länger durch solche Schlagworte den Muth rauben, beweist die Geschichte doch tausendfach das Gegentheil, — da schließlich jede unvernünftige Macht der Vernunft weichen mußte. Allerdings verlangsamt sich dieser Proceß, solange man immer zögert und zaudert, der Vernunft auch seine eigene Kraft zu leihen.

Heute steht die Situation einfacher als je.

Die überragende Stellung, welche die Deutschen bis zum Jahre 1879 in Oesterreich einnahmen, entsprach nicht dem Gefüge des österreichischen Staates, daß irgendwelche rechtliche Sonderstellung einer Nation ausschließt. Es mußte sich also jener Proceß vollziehen, den man in den letzten achtzehn Jahren verfolgen konnte, der zur Folge hatte, daß die Deutschen sich mit ihren nationalen Ansprüchen auf die Stellung einer Nation gleich den anderen zurückzogen, in gleichem Maße aber erfolgte anderseits der Ausgleich durch Zunahme der Rechte bei den anderen Nationalitäten, gleichfalls bis an jene Grenze, die das österreichische Staatsprincip zuläßt.

Das Gesetz des Beharrungsvermögens, dessen Bedeutung in der Politik, sowie überhaupt auf geistigem Gebiet noch lange nicht genügend gewürdigt ist, läßt nun diese Vorwärtsbewegung nicht so leicht zum Stillstand kommen. Obzwar sich in den letzten Jahren immer deutlicher zeigte, daß sie immer mühsamer wird, schießen die nichtdeutschen Nationalitäten übers Ziel hinaus, indem in den Sprachenverordnungen die natürlichen Grenzen dadurch überschritten werden, daß hier auf Basis des territorial-administrativen Gebietes oder, wenn man will, der historisch-politischen Einheit, ein nationaler Zwang in das Gebiet der Deutschen getragen wird, der aber schon dem Principe der Rechtswahrung für jede Nationalität widerspricht und doppelt gefährlich für die Deutschen ist, weil er aus der deutschen Verbindungssprache Rechte ableitet, die in der Folge allerorten geltend gemacht werden könnten, so daß am Ende Oesterreich eine deutsche Verbindungssprache, aber keine Deutschen hätte.

Hier stellt sich nun dem nationalen Ansturm im Bunde mit den Deutschen das Grundprincip, die Wesensberechtigung Oesterreichs entgegen, wonach es überhaupt gar keinen Titel geben kann, vermöge dessen auf eines seiner Völker, innerhalb dessen angestammter Wohnsitze, ein nationaler Zwang ausgeübt werden kann. Da dies nur ungeschriebenes Recht ist, die Verfassung und kein Gesetz hier für staatlichen Schutz vorsorgt, so entsteht das Mittel der Volksabwehr, gegen den gleichfalls durch kein Gesetz begründeten Volksangriff, von selbst. Zieht aber der Staat in dieser kritischen Situation, in der seine Haltung ihm durch kein specielles Gesetz vorgezeichnet ist, das allgemeine Rechtsprincip zu Rathe, so muß er sich schließlich gegen den Angreifer wenden, und der Abwehr seine Kräfte leihen.

Damit ergibt sich der weitere Verlauf von selbst.

Er hängt davon ab, ob die Czechen diesen Stand der Dinge zu erfassen vermögen, oder ob und in welchem Maße sie es ad oculos vordemonstrirt sehen wollen, daß sie hier wirklich einem unbesiegbaren Widerstand begegnen.

Man kann sie nicht oft genug an das fruchtlose Bemühen Kaiser Joseph's erinnern. Aber wenn sie sich sogar Gesetze zimmern könnten, so müssen sie sich doch sagen — zwischen Gesetz und Durchführung steht ein Hinderniß, das in der Regel nur mit den Waffen in der Hand besiegt wird — ein Volk, u. zw. hier ein Volk, das vielleicht unfähig zum Angriff, doch stark in der Abwehr und unbesiegbar ist an der Seite der Rechts. Daß mit parlamentarischen oder anderen Schachzügen gegen ein Volk nichts auszurichten ist, erhellt schon daraus, daß das Vertheidigungs-Arsenal eines Volkes erst dann erschöpft ist, wenn es aufgehört hat zu sein.

Nachdem das Gesetz es den Czechen frei stellt, der Gleichberechtigung die ihnen passende Deutung zu geben, so steht es ihnen auch frei, es auf eine Kraftprobe ankommen zu lassen, aber Eines müssen sie dabei bedenken: Das uneingestandene Verlangen: die Czechisirung der Deutschen, ob mit oder ohne Staatsrecht, steht, ganz abgesehen von der Abwehr der Deutschen (auf die man sich in dieser Sache heute schon ruhig verlassen kann) in strittem Widerspruch mit Grundlagen des Staates, die derselbe in keiner Form verlassen kann, weil sich sonst der Brand an allen Ecken entzündet. Das Eingestandene aber, daß ein paar deutsche Beamte czechisch lernen sollen, wofür alle czechischen deutsch lernen m ü s s e n, das wird ihnen wohl selbst als unzureichendes Ziel eines so fürchterlichen Kampfes erscheinen.

Heute ist es den Czechen in die Hand gegeben, als reichen Erfolg ihres tapferen Ringens den nationalen Zusammenschluß, die nationale Autonomie und die Geltung ihrer Sprache bis an die äußerste Grenze, die eine geregelte Verwaltung zuläßt, zu erlangen, überdies aber, da die politischen Anschauungen, sowie die wirthschaftliche Structur der Deutschen und Czechen übereinstimmt, mit diesen gemeinsam eine beherrschende Macht im Staate zu üben. Heute können sie das als schönen Erfolg eines harten Kampfes ergreifen; gehen sie aber in ihrem Kampf über dieses Ziel hinaus, dann gehen sie dessen zwar auch nicht verlustig, aber sie werden es mit einer Niederlage, insbesondere aber mit dem Stigma erkaufen, daß sie ein Volk sind, das nicht dem Recht, sondern nur der Gewalt weicht.

Man liebt es jetzt bei den Tschechen, aus antideutscher Empfindung mit Frankreich zu liebäugeln; unwillkürlich drängt sich da ein Vergleich auf. Auch im Jahre 1870 hatte man in Frankreich die kommenden Ereignisse mit einem Siegesjubel anticipirt, wobei in der allgemeinen Erregung die Frage gar nicht auftauchte, was wollen wir mit dem Sieg gewinnen? Wofür der Kampf?

Das Beste, was in demselben zu gewinnen ist — und in dieser Hinsicht ist die Kampfbegier der Czechen noch unbegreiflicher, das Beste, das erreichbar — Alles was wirklich czechisch nationales Postulat nach modernen Begriffen ist, ist erreichbar ohne Kampf, und welch' schmachvolles Urtheil droht jenen, die ihr Volk in einen Kampf — ja man darf sagen in einen verlorenen Kampf führen, für Dinge, die über diese Grenze hinausgehen — wie wird die Nation urtheilen, wenn sie blos um solcher Verbohrtheit willen sich vor einer Niederlage sehen wird.

Die Deutschen aber haben heute schon Eines gewonnen, ihre ganze nationale Haltung in diesem Entwicklungsproceß wird hinsichtlich ihres Gerechtigkeitssinnes stets ein Ruhmesblatt dieses nationalen Vorpostens sein.

Eine unbedeutende Episode charakterisirt die Auffassung, die s. Z. ihrer dominirenden Stellung innewohnte.

Der ursprüngliche, von der Verfassungspartei beantragte Text des § 19 lautete: Die Gleichberechtigung aller landesüblichen Sprachen u. s. w. . . . wird vom Staate „gewährleistet."

Erst das Herrenhaus änderte dieses Wort ab auf „anerkannt."

Der Unterschied dieser beiden Begriffe zeigt, wie die Deutschen wirklich weit entfernt davon waren, die Nationalitäten zu vergewaltigen, wie sie sich nicht genug thun konnten in der Sicherstellung von deren Rechten, und nur die Rücksichtnahme auf die Staats-Einheit, und eine gewisse Engherzigkeit in der Beurtheilung der anderen Nationalitäten, ließ sie mit der Erweiterung in deren Rechten und deren Einfluß kargen.

Aber als die Deutschen schon zur Seite gedrängt waren, ließen sie sich, ungleich der Haltung anderer Nationen in gleicher Lage, bei allem Widerstande, doch immer wieder zu einem modus vivendi herbei, in dem Momente aber, wo sie einem ausgesprochenen Angriff gegenüberstanden, ist dieses Volk, das sich durch seine Lammsgeduld schon dem Spotte preisgegeben sah, zu seinem nationalen Bewußtsein erwacht, und sowohl das deutsche Volk wie auch Oesterreich wird Jenen einst dafür Dank wissen, die es muthvoll und entschlossen gleich bei diesem Wendepunkte vor größerer Verwirrung bewahrten.

Es wurde an anderer Stelle bereits gezeigt, wie verschieden in derlei Dingen die wahren Motive von jenem Schein sind, den die äußeren Ereignisse zeigen. Dasselbe gilt von der gegenwärtigen Lage der Deutschen, die sich äußerlich als Negation darstellt, und die der Uebelwollende nur zu leicht als Negation des österreichischen Staates deuten kann, während das Wohlwollen gegenüber den Deutschen in Oesterreich sehr rar geworden ist.

Allein, wenn die Deutschen sich für befähigt halten, die Führung aus diesem Wirrsal zu finden, so kann es nicht genügen, daß sie einfach auf ihrem Platze verharren, die Keule erhoben zur Abwehr jedes Angriffes; dadurch würden sie höchstens erklären: wir wollen ungestört in Oesterreich leben und kümmern uns um weiter nichts; eine Haltung, die weder mit den constitutionellen Pflichten übereinstimmt, noch ihren Interessen, am allerwenigsten ihrer culturellen Bedeutung entspricht.

Wenn die bisherigen Einrichtungen sich nicht bewährt haben und einer Aenderung augenscheinlich bedürfen, so kann es nicht genügen, das Programm des Gegners zu perhorresciren, ohne selbst ein anderes gegenüberzustellen, das eine Sanirung erwarten läßt.

Die Deutschen haben ja auf die unersprießliche Stellung als Staatspartei verzichtet, und treten als Nationalität mit den anderen Nationalitäten in den Kampf, a b e r e i n d i e s e r A e n = b e r u n g e n t s p r e c h e n d e s P r o g r a m m f e h l t i h n e n b i s h e u t e. Bei Aufstellung eines solchen können sie die Vergangenheit nicht übersehen, in welcher sie thatsächlich nicht von jener Feindseligkeit erfüllt waren, die ihnen imputirt wird. Daraus ergiebt sich die erfolgte Aenderung von selbst, und in dem Bewußt= sein, daß die Deutschen Oesterreichs sich ihrer Vergangenheit nicht zu schämen haben, ist die heutige Situation gleich jenem Moment, wo der Vormund seine zu Männern herangereiften Mündel aus seiner Obhut entläßt, um fortan nur als der Erfahrenere, trotz seiner eigenen Interessen, doch den Jüngeren rathend zur Seite zu stehen, so weit sie diesen Rath hören und befolgen w o l l e n.

Auf dieser Basis, ohne Rücksicht auf rechts und links, müßten die Deutschen sich klar werden, wie s i e s i c h die Zukunft vorstellen, wenn das Fretten von Moment zu Moment nicht andauern soll, und da in solch kritischen Zeiten, wo die Staatsgrundlagen zur Discussion gestellt sind, der normale Weg ohnedies nicht gilt, gibt es für sie nur einen Weg, und zwar zu jener höchsten Stelle, die allein wirklich über den Parteien zu stehen vermag, und zwar betreten sie diesen Weg nicht als Bittende, sondern um darzuthun, daß ihr Thun ein ernstes zielbewußtes Handeln ist, daß sie klare Vorstellungen von dem haben, was sie eigentlich erstreben, wie sie sich in der Zukunft ein friedliches Zusammenleben im Staate denken, und wie sie dasselbe herbeiführen wollen. *)

N u r w e n n d i e D e u t s c h e n s i c h e i n e s s o l c h e n W e g e s k l a r b e w u ß t s i n d, k ö n n e n s i e e r w a r t e n, d a ß i h n e n e i n e f ü h r e n d e S t e l l u n g w i e d e r z u T h e i l w e r d e n k a n n, n u r d a n n h a t j e n e r S c h r i t t e i n e v e r n ü n f t i g e B e r e c h = t i g u n g.

*) Das soll keineswegs ein Rath an die Deutschen sein, hiezu besitzt der Verfasser weder Neigung noch Beruf, vielmehr werden hiemit nur jene Folgerungen dargelegt, die sich aus dem Vorhergegangenen im Zusammenhalte mit der bestehenden Sachlage ergeben. Man kann nun einen solchen Schritt als unparlamentarisch oder inconstitutionell bezeichnen, allein derselbe muß ja gar nicht von einer parlamentarischen Parteigruppe ausgehen, sondern er könnte in Form einer von dem überwiegenden Theile der österreichischen Deutschen ausgehenden Denkschrift geschehen, eine Form, die für den hier an= genommenen Fall, daß jene Denkschrift Ideen ähnlich den hier ausgeführten enthielte, umso gerechtfertigter wäre, als es sich dann um Dinge handeln würde, die das Fundament der Verfassung betreffen, und die eine vollständige Umwälzung der verfassungsmäßigen Competenzen involviren.

4

Besitzen die Deutschen neben Muth und unbeugsamer Entschlossen=
heit — womit allenfalls für die Abwehr das Auslangen gefunden
werden kann — auch die zu positivem Schaffen erforderliche Einsicht in
die Verhältnisse und Eigenart des Staates, ferner Ruhe und klare
Ueberlegung, dann wird ein gerader Schritt sie — angesichts der
offenkundigen Rathlosigkeit der Gegner — gewiß nach vorwärts bringen;
fehlen ihnen jene Eigenschaften, dann fehlt ihnen eben das wichtigste
Requisit, um jener Stellung entsprechen zu können, die sie anstreben.

Wohl haben die Deutschen mit ihren bisherigen Vorschlägen
schwere Enttäuschungen erlebt und können das daraus erwachsene
Mißtrauen nicht los werden, allein so gut sie genug Kraft in sich
fühlen einen Angriff abzuwehren, eben so sicher müssen sie sich auch
gegenüber Verletzungen ihrer Rechte fühlen, auch dann, wenn ihr
Programm nicht sofort Anerkennung finden sollte.

Waren aber alle Vorschläge, welche die Deutschen bisher machten,
denn wirklich Vorschläge der Deutschen als Nationalität? Hatten die=
selben nicht vielmehr immer den Charakter einer gouvernementalen
Action?

Bisher haben die Deutschen noch nie ein Programm vorgelegt,
das eine systematische Klärung der Frage enthielt. Immer strebten sie
wieder danach, auf Grund der bestehenden Verfassung die nationalen
Rechte den Anderen vorzutheilen, jetzt aber, nachdem sie es doch am
eigenen Leibe fühlen, wie zweischneidig diese Macht der Executive ist,
die sie nicht aufhören können, als ihre Domäne zu betrachten, jetzt
muß es ihnen doch klar werden, daß, so wie sie heute anderen Na=
tionen gegenüber nach Klarstellung rufen, auch diese das gleiche Ver=
langen haben, welches aber bei der bestehenden Verfassung nicht be=
friedigt werden kann.

Eine weitere Rechtfertigung eines solchen Schrittes liegt darin, daß die
Deutschen Anlaß zu der Annahme haben, daß ihre Haltung zu mißdeuten
gesucht wird, während es doch gar keinen Sinn hätte, daß die Deutschen sich
so sehr für den Schutz ihrer Rechte i n n e r h a l b Oesterreichs erhitzten, wenn
sie andere Pläne hegen würden, ganz abgesehen davon, daß sie feige zu nennen
wären, wenn sie bei ihrer historischen Vergangenheit nicht Kraft, Muth und
Selbstvertrauen genug besäßen, um ihre Rechte wirksam zu verfechten.

Endlich ist die ganze Situation durch einen Act der Executive hervor=
gerufen, der sich auf jene Verfassungslücke stützt, vermöge welcher diese in
nationalen Fragen nahezu omnipotent ist, wogegen eine nationale Minorität
innerhalb der Verfassung wehrlos ist. Hiedurch erscheint es ebenfalls gerecht=
fertigt, sich an die höchste Stelle zu wenden. Allerdings genügt hier nicht die
negative Kritik des Regierungsactes, was kaum zweckdienlich und vielleicht
auch weniger gerechtfertigt wäre, sondern der Schwerpunkt käme den positiven
Vorschlägen zu, welche es der Krone ermöglichen müßten, Eines gegen das
Andere zu vergleichen.

Seit achtzehn Jahren concentrirt sich alles Sinnen und Trachten der Deutschen auf die Wiedererrichtung ihrer früheren Macht, nur in diesem Sinne suchten sie Bundesgenossen. Aber wie sollen sich Andere für dieses specifische Interesse der Deutschen erwärmen?

Ganz anders stellt sich aber die Sache, wenn die Deutschen als Nationalität einen systematischen, klar formulirten, nationalen Rechtsschutz, nicht nur für sich, sondern so erstreben, wie er auch Anderen zu Theil werden soll. Da ergeben sich sofort Berührungspunkte mit Anderen. Das ist der Weg, wie die Deutschen aus ihrer Isolirung wieder zu einer Verbindung mit anderen Nationalitäten gelangen können, indem ihre Intentionen wirklich sich als solche erweisen, die nicht nur ihnen selbst, sondern gleichartig angewendet, auch anderen von Vortheil sein können.*)

Es ist nur die logische Durchführung des von den Deutschen proclamirten Principes der Achtung nationaler Rechte, wenn sie heute die nationale Autonomie, bei Wahrung der Staats= Einheit, der föderalistischen Länder=Autonomie gegenüberstellen.

Wenn die Deutschen sich aber auf sich selbst zurückziehen, über= lassen sie eben dem gegnerischen Standpunkt vollständig das Feld, und da der Staat nicht im Stillstand verharren kann, folgt er der Richtung, die sich geltend macht. Das aber wäre ein herostratisches Beginnen, den Staat der Krise zutreiben zu lassen, um dann in furchtbaren Kämpfen die Remedur zu erzwingen, anstatt, werbend und kämpfend für die eigenen Intentionen, rechtzeitig auf den Plan zu treten.

Wollen die Deutschen aber die Vorgänge im Staate, in einem überlegenen major domus-Gefühl, ignoriren, so ist ja das der schla-

---

*) Man ist so sehr daran gewöhnt, hie Deutsche, hie Slaven zu sehen (natürlich ohne die herumpendelnden Polen und die specifisch katholische Partei), daß man es für undenkbar hält, es könnten die Deutschen, durch gewisse Vor= schläge, einen Theil der Slaven gewinnen. Das gilt aber nur, so lange die Deutschen auf ihre staatsrechtliche Präponderanz das Hauptgewicht legen, ändert sich aber vollständig, sobald sie obigen Standpunkt einnehmen. Das tschechische Staatsrecht ist ja für alle anderen Slaven belanglos, denn in den Fragen, in welchen die Tschechen durch dasselbe selbstständig würden, könnten sie dann den anderen Slaven gar keinen Beistand mehr leisten, und diese hätten somit nur für die Tschechen gekämpft. In obiger Weise aber gewinnen auch alle nichttschechischen Slaven an nationalen Rechten, was jedenfalls für sie werthvoller ist. Thatsächlich wurde auch am Slovenen=Congreß bereits eine Resolution in diesem Sinne einstimmig angenommen. Jedenfalls wäre auch ein Theil der Tschechen zu gewinnen und von den Deutschen dürfte sich dann wohl kaum Jemand finden, der an der Seite des unnachgiebigen Theiles der Tschechen (der jedenfalls nicht allzugroß wäre) ausharren würde, umsomehr, als auch der Großgrundbesitz, wenn die Sache von Seite einer (bereits national gemischten) Regierung propagirt würde, wahrscheinlich auch keine Opposition machen würde.

gendste Beweis, daß sie zu einem solchen Gefühl absolut keine Berech=
tigung haben.

Aber die Deutschen dürfen auch nicht übersehen, daß jene offene
Abwehr, die ihnen zu Gebote steht, nicht für alle Fälle ausreicht; es
gibt ja auch Umgehungen, vor denen man sich nur durch schützen kann,
daß man selbst dem Gegner an den Leib rückt und von der Abwehr
zum Angriff übergeht.

Die Deutschen brauchen zu diesem Zweck ihre Stellung gar nicht
zu verlassen. Für das, was an Ihnen verübt wurde, gibt es keine Ver=
söhnung.*) Sie müssen vorläufig ihre absolut ablehnende Stellung be=
haupten, aber sie müssen derselben durch ein positives Staats=Pro=
gramm festen Rückhalt geben. Sie müssen beweisen, daß sie Vorkämpfer
der nationalen Gerechtigkeit, nicht nur für sich, sondern auch für Andere
sind. Indem sie so den Beweis liefern, daß sie nicht nur passive Zu=
schauer sein wollen, weil ihrem Willen nicht willfahrt wird und sich
um Andere dabei nicht kümmern, sondern daß sie selbst auf gerechter
Basis dem Staate dienen wollen, dann erst werden sie, mit ihrem
positiven Programm, auch wieder ein positiver Factor sein.

Es ist nicht mehr daran zu zweifeln, daß Oesterreich an einem
Wendepunkte angelangt ist. Wenn die Deutschen das Recht in Anspruch
nehmen wollen, auf die Gestaltung desselben maßgebenden Einfluß zu
üben, so ist jetzt der Moment, kraftvoll, aber auch Richtung gebend, von
demselben Gebrauch zu machen.

Reflexion.

Zum Schlusse kann ich mir, gerade in Anbetracht der augen=
blicklichen Lage, eine allgemeine Bemerkung nicht versagen.

Seit Langem wird vielfach darüber gestritten, ob im Allgemeinen
den historischen Entwicklungen ein vernünftiges Princip zu Grunde
liege, oder ob und wie weit Zufälle oder Persönlichkeiten dieselben
beeinflussen können. Die materialistische Geschichtsauffassung will nun
in den jeweiligen Productionsformen das verbindende und treibende
Element erkennen, doch dürfte der allgemeinere, der elementare Aus=
gangspunkt, das Streben nach Befriedigung der Lebensbedingungen,
als unanfechtbarere Basis erscheinen.

Nach örtlichen und zeitlichen Umständen, und durch den Einfluß
der mannigfachen Ereignisse gelingt es den verschiedenen Gemein=
wesen, jeweilig die Befriedigung der Bedürfnisse in einer Hinsicht in
reichem, in der anderen in kärglichem Maße zu erlangen, so daß in
jedem Moment hier das eine, dort das andere Postulat sich besonders
geltend macht. Nun concentrirt sich alles Bemühen auf diesen Punkt.
Bis aber dieses nächste Ziel erreicht ist, zeigt sich wieder ein Be=

*) Siehe den Anhang: „Graf Badeni und die Sprachen=Verordnungen".

bürfniß nach anderer Richtung, und so vollzieht sich von Zeit zu Zeit ein Umschwung in größerem oder geringerem Maße, und es entsteht derart die bekannte zickzackförmige Entwicklung, in der eben der constante Factor, die von der Natur immerhin vorgezeichneten Bedürfnisse, doch stets einen Zusammenhang erhält.

In früheren Zeiten, wo man sich der allem zu Grunde liegenden Triebkraft dieser Bedürfnisse nicht immer bewußt war, erhielten diese einzelnen Entwicklungsphasen ihr äußeres Gepräge durch mannigfache Ideen, deren Inhalt eigentlich in gar keiner Beziehung zu jener Triebkraft steht, und man erkennt die Wirkung derselben nur in Folge des Umstandes, daß dem Auftauchen, beziehungsweise der Aenderung der Ideen offenbar ein Impuls zu Grunde liegt, und erst durch gegenseitige Vergleichung dieser Ideen, und durch die Reihenfolge ihres Auftretens, findet man den dem physischen und psychischen Menschen adäquaten Zusammenhang.

Je mehr wir uns nun unserer Zeit nähern, um so bewußter wird der Zusammenhang jeder historischen Entwicklung mit den menschlichen Lebensbedingungen, bis endlich heute eine größere Bewegung gar nicht gut denkbar ist, ohne daß ihre diesbezügliche Beziehung klar zu Tage läge. Allerdings sind hier nicht physische Lebensbedingungen allein gemeint, sondern in weitestem Zusammenhang mit allen psychischen Beziehungen und Impulsen.

In der Regel vollzieht sich aber der Form nach die Entwicklung auch heute noch so wie einst. Bald wird diese Nothwendigkeit acut, bald jene, sei es nun ein staatsrechtliches Gravamen, oder ein wirthschaftliches, religiöses ꝛc. Das Schwergewicht der Bewegung wendet sich einer Seite zu, man concentrirt die Kräfte in dieser Richtung; inzwischen muß Anderes zurückstehen, und ruft darum alle Kräfte dann um so dringender in die andere Richtung. Ein Beispiel bietet sich auch bei vorliegendem Gegenstand, indem man vom Jahre 1867 ab zunächst sich mit politischen Rechten beschäftigte, dagegen die nationalen Fragen bei Seite ließ, die wieder heute im Vordergrunde stehen. Das ist im Allgemeinen die Regel. Nur in seltenen Ausnahmsfällen findet sich eine Persönlichkeit, die dazu gelangt, in ihrer Zeit und ihrem Lande den Gesammt-Complex der Entwicklungs-Impulse zu überblicken, die jeweilige Constellation zu würdigen, die aber zugleich mit der äußeren Macht ausgestattet ist, sobald sich der günstige Moment einstellt, den gegebenen Entwicklungs-Impulsen die Bahn für ihre lebendige Bethätigung frei zu geben. Für den Fernstehenden hat es dann den Anschein, als wäre von jener Persönlichkeit die Entwicklung in diese Richtung gelenkt worden, während sie doch nur die Impulse richtig erkannte und im richtigen Moment die entgegenstehenden Hindernisse beseitigte. Alles weitere muß sich dann von selbst ergeben.

Solche Persönlichkeiten sind es, die dann das Volk als seine Führer, als seine Weisen oder als seine Helden verehrt. *)

Weil diese, infolge ihrer klaren Erkenntniß der jeweiligen Entwicklungsphase, mit großer Energie die von ihnen eingeschlagene Richtung verfolgen, so erscheint ihr Thun Jenen, die nicht merken, wie sehr sich dieses Vorgehen auf klar und scharf beobachtete Thatsachen stützt, als rücksichtsloser Gebrauch der persönlichen Macht.

Jene aber, die, angelockt durch den hohen Ruhm, den solche Persönlichkeiten ernten, von der Begierde nach gleichen Erfolgen ergriffen werden, erblicken nun in dieser äußerlichen Form des Handelns das Mittel, die gleichen Erfolge zu erringen, und diese Persönlichkeiten sind es, die auf solche Weise die unheilvollsten Krisen heraufbeschwören und dann denselben rathlos gegenüberstehen.

Allein, als wären sie ein Theil der Kraft, die nur das Böse will und stets das Gute schafft, sammeln sich gerade durch die Hemmnisse, die sie der Entwicklung entgegenstellen, die latenten Kräfte zu erhöhter Macht, und erzwingen sich über sie hinweg umso wirksamere Geltung, und derjenige, der sich freut, Zeuge einer thatkräftigen Epoche zu sein, der darf sicher sein, daß seine Zeit naht, wenn er sieht, daß irgendwo die Dinge willkürlich gelenkt werden wollen.

Darum ist unsere traurige Zeit eigentlich die Zeit des schönsten berechtigtesten Hoffens auf eine baldige gründliche Gesundung unserer öffentlichen Zustände.

---

*) Unsere Zeit besitzt hiefür nicht nur ein Beispiel in dem Fürsten Bismarck, sondern — was den kommenden Geschlechtern seine subjective Persönlichkeit vielleicht noch größer erscheinen lassen wird, als alle seine Erfolge — wir wissen es aus seinem competenten Munde, daß er selbst sein Wirken nur in obigem Sinne beurtheilt, und auch nur in diesem Sinne gewürdigt wissen will.

Anhang.

Graf Badeni und die Sprachen-Verordnungen.

Die unversöhnliche Gegnerschaft der Deutschen kann sich logischerweise nur gegen die Regierung richten. Für die einzelnen Völker Oesterreichs ist es ein selbstverständliches Recht, daß sie sich ungestüm nationale Geltung erkämpfen wollen, und wenn man die hier vielfach erörterte Wirkung der bestehenden Verfassung berücksichtigt, so ist das für sie nicht nur eine Nothwendigkeit, sondern sogar eine Pflicht.

Ganz anders die Regierung, der ausschließlich das gesammtstaatliche Interesse als Richtschnur zu dienen hat. Daß nun die Sprachenverordnungen, insbesondere in jenem Theile, der die tiefgehende Entrüstung der Deutschen erregt hat, vom Standpunkte des Staats-Interesses unerläßlich gewesen seien, das wird wohl heute von Niemandem behauptet werden. Allerdings kann man es auch, wenn nicht als Interesse, so doch als Staatsnothwendigkeit bezeichnen, daß eine parlamentarische Majorität bestehe, und daher jene Verordnungen aus Gründen politischer Taktik unvermeidlich gewesen seien, aber gerade das hat alle Brücken, die von den Deutschen noch zur Regierung hätten führen können, abgebrochen, daß selbst hiefür diese Sprachenverordnungen nicht nothwendig gewesen wären.

Die Czechen haben bekanntlich einen sehr großen Wunschzettel, und Sache der Regierung wäre es gewesen, sich auf jene Dinge zu beschränken, durch welche nicht ein Angriff auf die nationalen Rechte Anderer erfolgt, sie hätte auf dem Gebiete der inneren Amtssprache und bei den Verwaltungsbehörden im rein czechischen Gebiet 2c. Raum und Gelegenheit genug zu ausreichenden Concessionen finden können, umso eher, als sie es den Czechen sehr leicht hätte nachweisen können, daß es in ihrem eigenen Interesse liegt, schrittweise vorzugehen und keinen allzu heftigen Sturm heraufzubeschwören, durch den Alles in Frage gestellt werden könnte. Sie hätte aber auch sehr leicht die anderen Parteien, ohne welche auch die Czechen keine Majorität haben, ausspielen können. Die hochopportunistischen Polen hätten es gewiß lieber gesehen, etwas weniger exponirt zu werden, und vollends jener Theil der Deutschen — seien es die Clericalen oder der Großgrundbesitz — hätte die Regierung gewiß darin unterstützt, die Czechen zu einiger Mäßigung oder mindestens zur Unterlassung aggressiven Vorgehens zu bestimmen, wenn — ja wenn (das muß man dreimal unterstreichen) die Regierung es für nöthig gefunden hätte, prüde gegenüber den Czechen, und nur ein wenig fürsorglich oder auch nur gerecht gegenüber den Deutschen zu sein.

Allerdings hat man es in neuerer Zeit mit der sehr armseligen Recht=
fertigung versucht, daß den Verordnungen keine solche Tragweite beigemessen
wurde. Ganz abgesehen davon, daß hierin die schärfste Verurtheilung jenes
Vorgehens läge, kann selbst diese traurige Rechtfertigung der Regierung nicht
zugebilligt werden. Das mag zwar richtig sein, daß man auf eine so wuchtige
Abwehr nicht gefaßt war — und wenn solche äußere Vorgänge allein die Ur=
theilsbildung der Regierung beeinflußen, so gibt es ja gar keinen anderen Weg
als den der äußersten Obstruction, um diese Urtheilsbildung zu beeinflußen.
Allein die sachliche Bedeutung der Sprachenverordnungen war der Regierung
vollkommen klar, das läßt sich in folgender Weise haarscharf beweisen:

In der Sprachenfrage standen sich bisher zwei Standpunkte gegenüber:
Einerseits jener der ehemaligen Verfassungspartei, die, als Erforderniß einheit=
licher Verwaltung, der deutschen Sprache ein möglichst weites Gebiet sichern
wollte, anderseits der der anderen Nationalitäten, die ihren Sprachen die bisher
versagte oder zu karg bemessene Mitwirkung in der Verwaltung erkämpfen
wollten.

Beide Standpunkte stützten sich aber bisher theils auf das practische
Bedürfnis, theils auf die Postulate national=cultureller Entwicklung.

Daß die von den Deutschen so heftig bekämpften Sprachenverordnungen
solchen Bedürfnissen entsprungen seien, wird heute von keiner Seite mehr be=
hauptet, folglich müssen dieselben auf einer anderen Grundlage aufgebaut sein
und das könnte ausschließlich eine staatsrechtliche sein, denn das Wort „landes=
üblich“ des § 19 läßt sich absolut nicht in diesem Sinne interpretiren, sonst
müßte auch in Steiermark, Kärnthen und Krain alles zweisprachig, in
Schlesien dreisprachig ꝛc. ꝛc. eingerichtet sein.

Somit wäre hier für Böhmen und Mähren von dem für ganz Oesterreich
geltenden Standpunkt: abgegangen, und ein anderes staatsrechtliches Criterium
anerkannt worden.

Das hat die Regierung auch offen bekannt, denn obzwar in
Oesterreich häufig Verordnungen für zwei oder mehrere Länder erlassen wurden,
hat die Regierung in diesem Falle dieselben ausdrücklich aus dem Grunde ge=
sondert, um der Auslegung im Sinne des czechischen Staatsrechtes vorzubeugen.
Gerade dadurch ist aber erwiesen, daß die Regierung sich bewußt
war, daß diese Verordnungen ein Princip von staats=
rechtlicher Bedeutung mindestens tangiren.

Die getrennte Hinausgabe kann jedoch diesen Charakter der Verord=
nungen nur soweit ändern, daß ihr Zusammenhang gelöst wurde, d. h. also
kein Zusammenhang von Böhmen und Mähren speciell durch diesen Act statuirt
wird. Aber gerade durch die Bedeutung, die dieser formalen Trennung beige=
messen wurde, erscheint innerhalb jedes einzelnen der beiden
Länder ein für die anderen Länder Oesterreichs nicht be=
stehendes, also ein besonderes staatsrechtliches Princip an=
erkannt, und zwar bewußt, weil eben durch die besondere Art der gesonderten
Hinausgabe sogar ganz klar ausgesprochen erscheint, innerhalb welcher Grenzen
jenes Princip anerkannt erscheinen soll. Allein es ist klar, daß, wenn schon ein
staatsrechtliches Princip statuirt wird, dieses doch nicht aus der Luft gegriffen
werden kann, besonders wenn jene, auf deren Andringen dies geschieht, sich
hiebei auf ein specifisches, wie sie sagen „historisches“ Staatsrecht stützen, dieses
aber kann nur ganz oder gar nicht anerkannt werden und wenn es erst durch
solche Verordnungen theilweise anerkannt ist, so ist der weitere Verlauf nicht

mehr aufzuhalten. Nach einigen Jahren würden die Czechen es schon verstehen, das so geschaffene Präjudiz zu verwerthen.

Sie könnten sich schon heute darauf berufen, daß mit diesen Verordnungen ihr Staatsrecht, bis auf die Anerkennung des für dasselbe behaupteten Geltungsgebietes, anerkannt sei. Das thun sie aber vorläufig wohlweislich nicht, weil dadurch die Verordnungen vernichtet wären, denn das ginge doch nicht leicht, daß · ein solcher maßlos bedeutungsvoller Act im Wege ministerieller Verordnung gebildet würde — es wäre denn, daß die Czechen erklärten, hiemit erscheine ein Staatsstreich unabänderlich vollbracht. Heute geht das noch nicht, aber in zwei, drei Jahren würde die so geschaffene, ganz besondere, von anderen Theilen abweichende Gleichartigkeit der Institutionen, innerhalb des von ihnen im Namen ihres Staatsrechtes beanspruchten Territoriums, im Zusammenhang mit dem präjudicirenden Charakter jener Verordnungen, der Sache keine besonderen Schwierigkeiten bereiten.

Das ist der Kern der Sprachenverordnungen, die man gar so gern als harmlos hinstellen möchte, und da sollen die Deutschen nicht die alleräußerste Kraft zur Abwehr aufbieten? Da soll es für die Deutschen noch irgend ein Compromiß geben?

Ob die Absichten der Regierung und insbesondere des Grafen Badeni speciell auf solch' weittragende Consequenzen gerichtet waren, mag eine offene Frage bleiben, das ist auch belanglos, denn auf die Wirkungen politischer Maßregeln hat die Absicht, von welcher dieselben veranlaßt wurden, erfahrungsgemäß keineswegs einen dauernd bestimmenden Einfluß.

Wenn nun Graf Badeni auch vielleicht keine so weitgehenden Absichten hatte, so daß dann die ganze Angelegenheit unbegreiflich scheint, und insbesondere die ihm Nahestehenden fragen: Wie man gerade ihm, der „bekanntermaßen" die Deutschen schätzt und achtet, so feindselige Tendenzen gegen dieselben zumuthen könne, so erscheint die Unversöhnlichkeit der Deutschen auch diesem Standpunkte gegenüber mehr als gerechtfertigt, ja sogar noch dringender geboten.

Graf Badeni war Statthalter von Galizien, einem politisch veröbeten und wirthschaftlich weit zurückgebliebenem Lande.

Einrichtungen, die sich anderwärts längst bewährt hatten, waren dort bei seinem Amtsantritte kaum angebahnt, es war also für ihn leicht, indem er dieselben allmälig auch nach Galizien verpflanzte, und indem er insbesondere seinen Einfluß zu Anregungen in volkswirthschaftlicher Richtung benützte, einen relativen Aufschwung des Landes herbeizuführen. Dies verschaffte ihm in maßgebenden Kreisen ein nicht gewöhnliches Ansehen, und auch er selbst mochte aus diesen Erfolgen auf die Unfehlbarkeit seiner Maxime schließen.

Von diesem Standpunkte aus erschienen ihm auch all die nationalen Quereleien recht kleinlich, und man weiß ja, in welch' überlegener Weise er sich über dieselben äußerte; man konnte es herausfühlen, daß er der Meinung war, daß diese Dinge nur deßhalb so viel Schwierigkeiten bereiten, weil man dieselben zu sentimental, zu weichherzig behandle, aus ihnen zu viel Wesen mache; wenn man erst energisch zugreifen wird, entschlossen, eventuell über alle Recriminationen zur Tagesordnung überzugehen, wird das zwar ein allgemeines Staunen, ein Verwundern geben, dem aber bald der Ausruf folgen würde: Endlich ist der rechte Mann mit der „eisernen Hand" gekommen.

Graf Badeni übersah hiebei, daß es sich hier um ganz andere nationale Güter handelt, als jene, die ihm in Galizien vor Augen waren, er übersah aber auch, daß er sich hier inmitten einer gegenüber dem Ausland allerdings zurückgebliebenen, aber doch gegenüber einer volkswirthschaftlichen Entwicklungsstufe befand, bei der es nicht so leicht ist, durch Förderung einiger Unter-

nehmungen und volkswirthschaftlichen Einrichtungen eine Compensation für
Anderes im Handumdrehen zu schaffen.

In der Wahlreform, für die allerdings durch die vorhergegangenen
Kämpfe der Rahmen abgesteckt erschien, innerhalb dessen dieselbe als durchführbar gelten konnte, erzielte Graf Badeni einen Erfolg, ebenso wie in der
geschickten Ausnützung des abtretenden Parlaments, wobei aber schon ein
planloses Verbrauchen der Kräfte zu bemerken war, was ihn aber in seinem
Selbstbewußtsein nicht beirren mochte. Die Neuwahlen brachten nach keiner
Richtung eine Ueberraschung, man konnte kaum ein wesentlich anderes Ergebniß
erwarten und man war daher berechtigt anzunehmen, daß Graf Badeni für
diese Situation vorbereitet sei.

Er glaubte wohl auch selbst daran. Heute liegen seine Pläne bereits
offen zu Tage und es ist nicht nur interessant, denselben zu folgen, sondern
man gewinnt hiebei erst ein sicheres Urtheil für die Haltung, welche den
Deutschen gegenüber dem Grafen Badeni zukommt.

Die Deutschen hatten aufgehört, für ihn ein nennenswerther Factor zu
sein, denn jede Berührung mit den Deutschnationalen mußte ihm die nothwendige Verbindung mit den Slaven unmöglich machen, aber auch die ohnedies
kleine Gruppe der Deutschfortschrittlichen konnte er nicht stark in Calcul ziehen,
da er zu gut wußte, daß diese gezwungen ist, sich dem deutschnationalen Standpunkte möglichst nahe zu halten.

Graf Badeni hatte also seine polnische Kerntruppe, und er hatte erkannt,
daß ihn die compacte Masse der Czechen, die ihm überdies die Verbindung mit den Südslaven erleichterte, dem Besitze einer Majorität nahe
bringt. Und nun kommt der eigentliche Tric. Graf Badeni wußte recht gut,
daß die Deutschclericalen ihm zu Gebote stehen, aber die mochte er vielleicht
nicht so ohne Weiteres den Jungczechen präsentiren, überdies aber konnte er
sicher sein, daß seine eigenen persönlichen Neigungen und Qualitäten die Clericalen so weit beruhigen würden, daß er keine allzu heftige Gegnerschaft von
dieser Seite zu befürchten hatte, ja vielleicht in ihnen einen stillen Bundesgenossen, wenngleich in oppositioneller Haltung sich sichern könnte. Für die
Kleinigkeit, die ihm zur Majorität fehlte, glaubte er mit den „bewährten"
gouvernementalen Neigungen gewisser deutscher Kreise rechnen zu können. Gewiß
paßten dem Grafen Badeni die Clericalen in der Opposition besser als in der
Majorität. Abgesehen davon, daß die Jungczechen sich vielleicht ohne diesen
Wettgenossen wohler gefühlt hätten, wäre Graf Badeni dann einer scharf ge-
spaltenen Opposition gegenüber gestanden, deren einzelne Theile sich famos
gegeneinander hätten ausspielen lassen, und die sich gegenseitig, zugleich aber
jenes Häuflein Deutscher im Schach gehalten hätten, die seiner Fahne ge-
folgt wären.

Die Grundlage des ganzen Gebäudes bildete natürlich die Gewinnung der
Jungczechen, und da Graf Badeni dies fühlte, blieb für ihn nichts übrig, als
ihrem Wunschzettel sein visum zu ertheilen, gesträubt hat er sich jedenfalls nicht
allzusehr — und so erklärt sich auch die Schroffheit und die kalte Ruhe, mit
welcher er den Deutschen begegnete. — Man halte sich doch obigen Calcul vor
Augen und man wird sofort sehen, welch' klägliche Rolle in demselben die paar
Deutschen, und welch' mächtigen Factor die Czechen darin spielen; mit den
Deutschen verlohnte es sich nicht viel Federlesens zu machen, waren doch die
Czechen der unentbehrliche Factor. Hier also sollte das neue System der „Fe-
stigkeit", das „Beseitigen weichherziger Sentimentalität in nationalen Dingen",
das erste Debut feiern.

Man erinnere sich doch des berüchten Communiqués. Wie wurde da den Deutschen in höflichster Form gesagt, ihr könnt Euch auf den Kopf stellen, aber die Sprachen-Verordnungen müssen so erlassen werden, eventuell — mit den Klerikalen. Nebenbei unterlief in jenem Communiqué für die Jungtschechen die Sottise, die sie aber gar nicht merkten — daß die freie Schule für sie ein Handelsartikel sei, es hieß: die Deutschen „gewinnen" ihre (der Jungtschechen) Mitwirkung für die freie Schule, d. h. also, andernfalls sind die Jungtsch.chen auch für Anderes zu haben. — Ja, Graf Badeni hatte damals schon sein Urtheil fertig über die Personen, die sich ihm willig verbanden. Ueberhaupt ist es Jedermann zu empfehlen, dieses Communiqué und die gleichzeitigen Betrachtungen der „Narodni Listy" (N. Fr. Pr. vom 27. März 1897) jetzt nachzulesen. Man findet dort nebst anderem Interessantem wörtlich: „Im Interesse der Deutschen" sei das Opfer, die Sprachen-Verordnungen hinzunehmen u. s. w.

Graf Badeni glaubte, wenn er nur irgend eine Majorität habe, werde er solche Dinge auf die politische Tagesordnung bringen, die geeignet sind, die nationalen Fragen zu durchkreuzen und bei Seite zu drängen.

Diese Rechnung wäre ja ganz schön, nur ein Fehler ist dabei unterlaufen. Graf Badeni übersah, daß Oesterreich bei einem Punkte angelangt ist, wo es kein Vorwärts und kein Rückwärts gibt, bevor die Nationalitätenfrage gelöst ist. Der Vorrath an kleinen Concessionen war verbraucht, die Völker wollen alle endlich ein endgiltiges Resultat ihres Kämpfens sehen, um eben, wenn einmal der Rubicon überschritten ist, nicht mehr ständig auf der nationalen Hochwacht stehen zu müssen. Graf Badeni übersah, daß gerade die Frage, die er gewissermaßen links liegen lassen wollte, für die er ein neues Mittel: „kraftvolles Ignoriren" erfunden hatte, die Hauptfrage ist, denn für die Dinge, die nachher nöthig sind, finden sich zahllose Hände und Köpfe auch außer dem Grafen Badeni. Für das, was er leisten wollte, ist jetzt nicht der Zeitpunkt und wofür jetzt der Zeitpunkt ist, das ist eben nicht das „Fach" des Grafen Badeni.

Wenn Graf Badeni wirklich seinen national indifferenten Standpunkt gewahrt hätte, so hätte man sein Experiment gewiß als ein verdienstvolles betrachten können, der Mißerfolg wäre ihm auch da nicht erspart geblieben, aber eine solch' heillose Verwirrung und insbesondere eine solche allseitige Erregung und Erbitterung wäre nicht entstanden.

Das wäre gewiß ein hohes persönliches Verdienst gewesen, wenn Graf Badeni, durch irgendwelche von ihm ersonnene exceptionelle wirthschaftliche oder politische Aufgaben, die Parteien zu engagiren und sie dahin zu bringen verstanden hätte, das nationale Gebiet eine Weile ruhen zu lassen, indem er versichert und dafür gebürgt hätte, er werde inzwischen auch nicht die geringste Verschiebung zulassen, vielleicht werde sich inzwischen ein allseitig annehmbarer Ausweg finden, aber vorläufig soll wenigstens nicht Alles andere stagniren.

Es mag fraglich sein, ob irgend welche menschliche Begabung ausgereicht hätte, das zu Stande zu bringen — aber immerhin wäre es ein Versuch gewesen, den Niemand hätte tadeln können. Allein was that er in Wirklichkeit? Sein nationaler Indifferentismus bestand darin, daß er ein ziffermäßiges Majoritäts-Calcul machte, und freigebig und scrupellos jene nationalen Rechte preisgab, durch die er seine Majorität gewinnen wollte — oder um concret zu sprechen, er sah nur eine slavische Majorität, ergo müssen die Deutschen weichen. Das war sein totaler nationaler Indifferentismus, nämlich Indifferentismus dafür, daß er die Deutschen aufopfert, und selbst als der unscheinbare aber höchst bezeichnende Umstand, daß er genöthigt war, durch Formalitäten die staatsrechtliche Bedeutung seiner Maßregel zu begrenzen — ihm zeigte, daß es sich hier um Dinge von überaus weittragender Bedeutung handelt, ließ er sich auch davon nicht beirren. Kann es für die Deutschen einen klareren Beweis geben, daß es sich hier darum handelte, die nationale Existenz der Deutschen Oesterreichs als das Capital zu benützen, von dem das Regierungs-Dasein gefristet werden sollte, kann es da für die Deutschen ein anderes Ziel geben, als den Träger solcher Grundsätze durch jedes irgend zulässige Mittel von jener Stelle wegzudrängen, der die bestehende Verfassung eine so große Machtfülle in nationalen Fragen verleiht und die berufen, ja sogar verpflichtet erscheint, der Schützer der nationalen Existenz für die Deutschen, zwar nicht in höherem, aber auch nicht in geringerem Maße als für andere Nationen, zu sein?

Für die Deutschen ist das ein Kampf von entscheidender Bedeutung, denn sind sie nicht im Stande, diesen Schlag kraftvoll zu pariren, wer kann dann nur irgendwie erwarten, daß es einem Staatsmann in der Folge möglich sein könnte, den Czechen plausibel zu machen, daß irgend etwas für sie unmöglich sei.

Könnten die Deutschen jetzt nicht den Beweis erbringen, daß in Oesterreich ein Staatsmann unmöglich ist, der auch nur geneigt schiene, die Preisgebung der Deutschen — nicht etwa zu wollen — sondern nur zu dulden, dann wären sie unrettbar verloren, wenngleich ihr Schicksal sie wahrscheinlich erst nach den fürchterlichsten Krisen des ganzen Staates ereilen würde.

So steht die Sache, und dafür gibt es so zahllose unanfechtbare Beweise, daß man Bände damit füllen könnte, und angesichts dessen ist es wirklich bewundernswürdig, daß die Deutschen so viel Selbstzucht besitzen, sich auf den legalen Weg zu beschränken und es ist lächerlich, ein Wort gegen die Obstruction zu sagen, die ja das einzige Ventil ist, durch welches die Erregung einen Ausweg findet, ohne welchen eine Volksbewegung nicht aufzuhalten wäre.

Wird man aber diese Obstruction gewaltthätig niederringen wollen, dann steigen Gefahren auf, die unabsehbar sind — denn die wenigen Männer, die da Obstruction machen, sind nur so lange Vertrauensmänner ihres Volkes, als eine Hoffnung besteht, daß sie einen wirksamen Schutzwall zu bilden vermögen. Erweisen sie sich dessen unfähig, dann ist, wie die Dinge stehen, sehr zu fürchten, daß das Volk seine Sache selbst in die Hand nimmt. Darum ist es doppelt thöricht, sich Erfolg von gekünstelten Mitteln gegen diese Obstruction zu versprechen, die zum eigenen Schaden und zum Schaden des Staates lange nicht so eruptiv auftritt, als der Anlaß es gebieten würde; ich sage zum Schaden des Staates, weil jede Mäßigung nur den Glauben stärkt, es sei vielleicht doch möglich, in der eingeschlagenen Richtung fortzuschreiten, wodurch die Krise nur verlängert wird.

Wenn die Deutschen sich aber darauf berufen, daß sie nicht nur ihr Volk, sondern den Gesammtstaat durch ihr Verhalten vertheidigen, so brauchen sie nur auf jenen Commentar zur Verfassung vom Jahre 1861 zu verweisen, in dem es ausdrücklich heißt, daß nur der mäßigende Einfluß der Executive, gegenüber den Aspirationen einzelner Nationen, den Gesammtstaat vor Gefahren zu schützen vermag.

Allein gerade weil dem so ist, und weil die Negation allein kein Ausweg ist, ist es die Pflicht der Deutschen, angesichts des überaus hohen Ernstes der Situation einen positiven Ausweg zu suchen, und es ist gar nicht zu bezweifeln, daß ein gesunder positiver Vorschlag die wirksamste Unterstützung für die Erreichung des durch die Obstruction angestrebten Zieles wäre, denn es liegen gar keine authentischen Beweise vor, daß die Stellung des Grafen Badeni wirklich so fest sei.

Letztere Frage zu untersuchen, ist deshalb nicht unwichtig, weil man von vielen Seiten die Deutschen mit der sicheren Position des Grafen Badeni einzuschüchtern sucht.

Das Ministerium stützt sich heute auf das kaiserliche Handschreiben vom 4. April l. J., das sowohl nach seinem Inhalt als nach seiner Genesis höchst interessant ist.

Wie bereits erwähnt und wie bekannt ist, brachten die Wahlen gar keine Ueberraschung und man mußte erwarten, daß der weitere Gang der Dinge wohl vorbereitet sei. Aber noch ehe das Haus constituirt war, also in einem geradezu kritischen Moment erfolgte die Demission. Die Krone stand vor einem gewählten, aber nicht constituirten Hause, ohne daß ein Ereigniß eingetreten wäre, das eine zureichende Begründung für diese Situation bot. Allein soweit mag der Fall in der äußeren Form schon dagewesen sein, daß ein unerwartetes (nicht aber ein ganz normales) Wahlergebniß ein Ministerium zur Demission veranlaßte. Die Sache hatte aber noch einen Haken.

Das Ministerium hatte bereits in seinen Vereinbarungen mit den Tschechen ein fait accompli geschaffen, über das hinwegzukommen für eine andere Regierung nicht leicht möglich war.

Daß ein Ministerium in solcher Lage seine Demission gibt, unter solchen Umständen es der Krone überläßt, einen Ausweg zu suchen, das dürfte wohl kaum jemals dagewesen sein.

Zwei volle Tage dauerte es, bevor die Krone ihre Entscheidung traf, die gewiß sofort erfolgt wäre, wenn die Stellung des Grafen Badeni gar so fest wäre, aber in diesem Handschreiben steht folgender Passus: „Ich nehme diese Demission nicht an, da ich Gewicht darauf lege, daß eine von Mir gewählte Regierung, unbeirrt durch zeitweilige Parteischwierigkeiten, ihre Thätigkeit ausschließlich durch das allgemeine staatliche Interesse bestimmen lasse."

Sieht das nicht einer Mahnung an Pflichten ähnlich, wie ein Ei dem anderen? Heißt das nicht deutlich, daß es nicht angeht, nachdem man eine solche Situation geschaffen, sich einfach zu empfehlen und das Weitere der Krone zu überlassen?

Dann folgt die Versicherung des vollsten Vertrauens, die doch nicht fehlen kann, da dies eine selbstverständliche Voraussetzung ist, dann aber wird noch daran erinnert, daß an der beim Amtsantritte abgegebenen programmatischen Erklärung, sowie an der Thronrede vom 29. März l. J. unentwegt festzuhalten ist, also bei vollstem Vertrauen wurde doch dem Ministerium eine ganz bestimmte Directive gegeben.

Und nun erinnere man sich, wie unsicher tastend von diesem Moment an das ganze Vorgehen des Grafen Badeni wurde, denn Maßregeln, wie Versammlungs-Verbote, Confiscationen 2c. 2c. zählen da nicht mit. Zunächst die Flucht vor dem Parlament ohne kaiserliche Botschaft, ebenso die Wiedereröffnung ohne kaiserliche Botschaft. Dann erinnere man sich, wie bittend, ja flehend alle Aufforderungen der Regierung von da ab wurden, man erinnere sich, welche Schwierigkeiten speciell der Justizminister dem Grafen Badeni bezüglich der Tschechen bereitete, und wie reservirt Graf Badeni sich da verhält, man bedenke, wie er immer — wohl in pflichtschuldiger Erinnerung an obiges Handschreiben — der Adresse der Rechten die Thronrede gegenüberstellt, obzwar er keinen wesentlichen Unterschied in Beiden finden will; man erinnere sich, last not least der Duell-Affaire, die den Abg. Wolf um so mehr überrascht haben dürfte, als er vielleicht in merito schon Schlimmeres gesagt hatte und gewiß nicht erwartete, so tragisch genommen zu werden, so daß die Sache einem Verzweiflungsact sehr ähnlich sieht, und man muß zu dem Schlusse kommen, daß die ganze Aufgabe des Grafen Badeni heute darin besteht, mit seinem Ministerium — so wie es ist — (die Berufung eines Landsmann=Ministers wäre übrigens jetzt irrelevant) annähernd normale Zustände herbeizuführen. Ob nun eine solche Aufgabe als gefestete Position zu bezeichnen ist oder nicht, das mag Jeder selbst beurtheilen.

Allein, so viel geht daraus hervor, daß die Stellung des Grafen Badeni einem halbwegs Erfolg verheißenden Weg kaum irgendwie hindernd im Wege stehen würde. Solche Ansichten sind an und für sich lächerlich, wenn man sich erinnert, daß im Laufe von bald fünfzig Jahren nie solche Personenfragen von irgendwelcher Bedeutung waren, und warum sich dies gerade betreffs des Grafen Badeni anders verhalten sollte, ist gar nicht einzusehen. Das sind In= sinuationen, zu welchen die Krone gewiß nie einen Anlaß gab. Man erinnere sich an den Grafen Taaffe, der doch gewiß persona grata war, der überdies schon manchen Erfolg zu verzeichnen hatte und doch ließ man ihn ziehen, so= bald die politische Constellation es gebot. Also in dieser Richtung dürfte jede Sorge überflüssig sein, freilich erst dann, wenn man zeigen kann, daß sich in anderer Weise besser, leichter, oder doch vor Allem — überhaupt regieren läßt.